beck'sche reihe

bsr

Freiheitsliebe, Humor, Individualismus, Common sense, Kompromißbereitschaft, Naturnähe, ritualisierte Umgangsformen, Fair play, das Ideal des Gentleman: Diese und andere britische Eigentümlichkeiten lassen sich nach Meinung des Verfassers auf verblüffend plausible Weise aus wenigen Grundkonstanten der englischen Geschichte erklären: ein kundiges, liebenswürdiges Buch für alle Fans des „British Way of Life", die ideale Reiselektüre.

Hans-Dieter Gelfert war bis zum Jahre 2000 Professor für Englische Literatur und Landeskunde an der FU Berlin und lebt seither als freischaffender Autor.

Hans-Dieter Gelfert

Typisch englisch

Wie die Briten wurden,
was sie sind

Verlag C.H.Beck

Mit 18 Abbildungen

1. Auflage 1995
2., durchgesehene Auflage 1996
3., durchgesehene Auflage 1998
4., durchgesehene und um ein Nachwort erweiterte Auflage 2002

Originalausgabe

5., durchgesehene Auflage. 2005

Satz: Appl, Wemding
Druck und Bindung: Druckerei C. H. Beck, Nördlingen
Umschlagabbildung: Internationales Bildarchiv Horst v. Irmer, München
Umschlagentwurf: +malsy, Bremen
Printed in Germany
ISBN 3 406 49414 5

www.beck.de

Inhaltsverzeichnis

II. Englische Kultur und Gesellschaft

Anhang

Einleitung

Die Engländer waren ihren kontinentaleuropäischen Nachbarn immer ein Rätsel. Einerseits erschienen sie ihnen als sprichwörtliche Verkörperungen des gesunden Menschenverstands, andererseits galten sie als vom Spleen geplagte Exzentriker, die sich aus nichtigem Anlaß das Leben nahmen. Sie waren auf ökonomischem, sozialem und politischem Gebiet die Speerspitze des Fortschritts und erwarben sich dennoch den Ruf, besonders konservativ zu sein. Die unter dem Joch des Absolutismus leidenden Europäer schauten neidvoll auf die früh errungenen Bürgerfreiheiten jenseits des Kanals, und doch hat sich dort bis heute eine ausgeprägte Klassengesellschaft erhalten. Wie in keinem anderen Land Europas hat der Besucher das Gefühl, daß Engländer sich gegenüber dem Rest der Welt als eine überlegene Kategorie von Menschen empfinden; und doch war die Insel die Wiege des Toleranzgedankens und des Liberalismus. Diese Rätsel aufzulösen ist das Ziel des vorliegenden Buches. Den Leser erwarten keine impressionistischen Reiseeindrücke von Dingen, die dem Verfasser als typisch englisch erschienen sein mögen. Vielmehr sollen solche Phänomene, die jahrhundertelang von auswärtigen Besuchern und Engländern selbst als typisch empfunden wurden, zunächst einmal aufgezeigt und dann auf historische Ursachen zurückgeführt werden.

Mit dem Begriff des Nationalcharakters ist so viel Unheil angerichtet worden, daß man ihn kaum noch in den Mund zu nehmen wagt. Und doch treten bei allen Völkern bestimmte charakteristische Merkmale mit so auffallender Häufigkeit auf, daß dies nicht mit der bloßen Zufallsverteilung zu erklären ist. Allerdings wird man sogleich einschränkend hinzufügen müssen, daß solche Eigentümlichkeiten deutlich im Schwinden sind. Wer heute auf einem der Londoner Flughäfen landet, hat nicht mehr das Gefühl, in einer anderen Welt zu sein. Flughäfen sind fast überall gleich. Und diese Gleichheit dehnt sich auf immer größere Teile der einzelnen Länder aus. Das war noch Anfang der 60er Jahre ganz anders. Damals reisten die meisten auf dem Land- und Seeweg nach England. Schon wenn man in Ostende die englische Fähre betrat, wußte man, daß man in einer anderen Welt war. Es roch nach Tee und einem süßlichen Pfeifentabak, der in Deutschland nicht geraucht wurde. Die Skipper und die Bedienung am Buffet sprachen leiser, und ihr ganzes Verhalten war anders, als man es von Deutschland her gewohnt war. Die Unterschiede waren im einzelnen schwer auszumachen, aber man hatte das Gefühl, daß sich diese Engländer mehr Raum gewährten und rücksichtsvoller miteinander umgingen, daß sie einander nicht so ungeniert auf die Füße traten und nicht so hemdsärmelig in fremde Gespräche hineinplatzten, wie man es von zu Hause her kannte. Sah man dann vom Schiff aus am Horizont die weißen Kreidefelsen von Dover auftauchen und beobachtete dabei die mitreisenden Engländer, dann spürte man einen weiteren Unterschied. Sie schienen beim Anblick der Felsen das zu empfinden, was ein Deutscher fühlt, wenn er plötzlich hinter einem Hügel den heimatlichen Kirchturm auftauchen sieht. Heimat ist für uns Deutsche die enge Region, in der wir unsere Kindheit verbracht haben. Engländer hegen für die ganze Insel ein solches Heimatgefühl. Deshalb ist es so schwer, das deutsche Wort ‚Heimat' ins Englische zu übersetzen. Kam der Fremde dann in die Abfertigungshalle des englischen Zolls, wurde ihm auf das handgreiflichste klargemacht, daß die Menschheit aus zwei Kategorien bestand, aus Bewohnern des Vereinigten Königreichs und dem Rest der Welt; denn beide wurden wie Aschenputtels Erbsen streng auseinandersortiert. Die Zöllner ihrerseits empfingen den Fremden mit einer so hoheitsvollen Herablassung, als müßten sie zeigen, daß sie nicht irgendwelche dienstbeflissene Staatsdiener waren, sondern im Auftrage einer Majestät handelten.

Was ist der Grund dafür, daß Engländer anders sind als Deutsche? In Zeiten des Positivismus pflegte man die Ursache in einer unterschiedlichen Erbmasse zu sehen. Der pseudowissenschaftliche Mißbrauch, der mit Argumenten der Erb- und Rassenlehre zu Zeiten des Nationalsozialismus getrieben wurde, hat genetische Erklärungsversuche für lange Zeit diskreditiert. Zum Glück brauchen wir uns auf diese heikle Diskussion gar nicht erst einzulassen. Der Gencocktail des englischen Volkes ist eine so bunte Mischung, daß eine rassische Zuordnung von Charakterzügen, selbst wenn sie theoretisch begründbar wäre, praktisch undurchführbar ist. Über die Urbevölkerung der britischen Inseln, die aus dem westlichen Mittelmeerraum kam und als iberisch bezeichnet wird, lagerten sich in aufeinanderfolgenden Einwanderungswellen zuerst die Kelten, dann die Römer, die Angelsachsen, die skandinavischen Wikinger und zuletzt die Normannen. Vergleicht man dieses Gemisch mit dem entsprechenden deutschen, so läßt sich zwar feststellen, daß den Engländern die slawischen und dinarischen, den Deutschen die iberischen und keltischen Anteile fehlen, doch wird kein ernstzunehmender Wissenschaftler behaupten wollen, daß die Unterschiede zwischen den beiden Nationen auf just diese Elemente zurückzuführen seien.

Wenn es nun aber nicht die Erbmasse war, kann es nur die Geschichte gewesen sein, die die unterschiedlichen Nationalcharaktere geprägt hat. Deshalb werden wir im folgenden jeden als typisch erkannten Zug historisch zu erklären versuchen. Zuvor aber müssen wir erst einmal die bloß zufälligen von den historisch konstanten Zügen trennen. Unsere Quellen werden vor allem Tagebücher, Briefe, Reiseberichte und andere Zeugnisse aus den zurückliegenden Jahrhunderten sein. Dort muß man auf manche Überraschung gefaßt sein. So liest man zum Beispiel bei dem russischen Emigranten Alexander Herzen um die Mitte des 19. Jahrhunderts, daß die Engländer überhaupt keinen Sinn für diszipliniertes Schlangestehen hätten. Gerade das aber galt hundert Jahre später geradezu als ein Markenzeichen der Engländer. 1827 beschrieb der italienische Graf Pecchio die Engländer als arbeitswütige Pünktlichkeitsfanatiker, die keine Minute ungenutzt verstreichen ließen. Selbst die Vielzahl einsilbiger Wörter in der englischen Sprache erklärte er mit dieser Angst, Zeit zu verlieren. Ausländischen Investoren, die heutzutage mit ihren englischen Arbeitern um die Teepausen streiten, mag dies sonderbar in den Ohren klingen.

Unsere Untersuchung wird sich auf solche Züge beschränken, die über Jahrhunderte hinweg an Engländern beobachtet worden sind; denn nur diese verdienen es, als typisch bezeichnet zu werden. Zuvor bedarf es aber noch einer Klärung des Begriffs ‚englisch'. Deutsche sind gewohnt, alle Bewohner der britischen Inseln als Engländer zu bezeichnen, was bei Schotten und Walisern Unmut hervorruft. Sie sind zwar Briten, doch keine Engländer, auch wenn sie deren Sprache sprechen. Strenggenommen dürften wir das typisch Englische nur auf die Engländer im eigentlichen Sinn beziehen. Schotten und Waliser lassen deutliche Mentalitätsunterschiede erkennen, wie auch in England selbst der Norden sich vom Süden unterscheidet. Andererseits sind die beiden Königreiche und das walisische Fürstentum zu einer politischen Einheit zusammengewachsen. Deshalb wird man viele der historisch entstandenen Eigentümlichkeiten im gesamten Vereinigten Königreich antreffen. Um nun nicht in jedem Einzelfall erklären zu müssen, welche Merkmale ausschließlich englisch sind und welche sich inzwischen zu allgemein britischen ausgeweitet haben, sei hier vorausgeschickt, daß im folgenden vor allem, aber nicht ausschließlich, vom Kernbereich des Vereinigten Königreichs, also von England, die Rede sein soll. Wir werden aber stillschweigend voraussetzen, daß alles, was vom typisch Englischen in objektive politische, soziale und kulturelle Strukturen eingegangen ist, auch Waliser und Schotten betroffen und insofern mitgeprägt hat. Deshalb sollte es den Leser nicht irritieren, wenn zuweilen der eine oder andere typische Zug auch durch einen Schotten oder Waliser illustriert wird. Selbst manche bedeutende Iren weisen typisch englische Züge auf. Unter ‚englisch' werden wir darum die Zugehörigkeit zu einer Kultur und nicht die geographische Herkunft verstehen. Im Zentrum des Buches soll aber nicht die kategorische Bestimmung des typisch Englischen stehen, sondern der Versuch, die englisch-britische Kultur in ihrer Eigenart historisch zu verstehen.

I. Die Engländer

1. Stereotypen des Engländers

Touristen, die aus England zurückkehren, beschreiben die Engländer meist heute noch so, wie sie schon vor hundert Jahren beschrieben wurden, wenngleich das traditionelle Bild inzwischen etwas beschädigt ist. Als erstes rühmen sie die Höflichkeit, der sie im Straßenverkehr begegneten. Mit Staunen beobachten vor allem Deutsche, wie geduldig Engländer an Bushaltestellen Schlange stehen und selbst in strömendem Regen nicht die Fassung verlieren. Touristen, die hilflos im Stadtplan blättern, werden unaufdringlich gefragt, ob man ihnen helfen kann. Deutsche, die gewohnt sind, sich den Weg mit den Ellenbogen zu bahnen, fühlen sich beschämt, wenn sich der Engländer, den sie gerade angerempelt haben, bei ihnen entschuldigt. Das beschriebene Verhalten entspricht dem, was man sich traditionell unter einem Engländer vorstellt. Man denkt an einen distinguierten Herrn in dunklem Anzug und Melone, mit dem Regenschirm und der *Financial Times* unter dem Arm, der ohne Hast seinem Büro in der Londoner City zustrebt. Am Wochenende stellt man sich den gleichen Herrn im Tweedjacket vor, mit der Tabakspfeife im Mund, vielleicht auch mit dem Deerstalker auf dem Kopf und der Flinte unter dem Arm auf Moorhuhnjagd, falls er nicht gerade in schneeweißem Anzug auf makellosem Rasen Cricket spielt. Manche Bilder werden als so typisch empfunden, daß sie von der Werbung beliebig zitiert werden können, um im Betrachter eine Vorstellung von England wachzurufen: rote Backsteinhäuser mit weißen Fenstern und einem fächerförmigen Halbkreis über der Tür, strohgedeckte Cottages und weiße Tudor-Fachwerkhäuser, davor das satte Grün eines Common, wie die ausgedehnten Dorfanger heißen, und über allem ein Hauch von Muße, Vornehmheit und gepflegter Langeweile. Dies ist das Cliché, das die Engländer selber als ihre Utopie des *English way of life* geschaffen haben. Und der utopische Selbstentwurf, den sie für den männlichen Teil ihres Volkes in das Bild hineinprojizierten, ist eben jener distinguierte Herr, den wir oben beschrieben haben. Er heißt:

a) Der Gentleman

Mit dem Begriff verbinden wir automatisch ein ganz bestimmtes Ensemble von Eigenschaften: Zurückhaltung, doch ohne demütige Bescheidenheit, sondern aus einem unerschütterlichen Selbstwertgefühl heraus; Höflichkeit, die niemals aufdringlich wird; Bildung, die eher verborgen als herausgekehrt wird; Gelassenheit, die selbst in kritischen Situationen nicht aus der Fassung gerät. Die Anfänge dieses Ideals reichen bis in die Renaissance zurück, wobei die Adressaten zunächst fast ausschließlich die Angehörigen des Adels waren. Als in Deutschland unter Maximilian I. noch das kriegerische Ritterideal hochgehalten wurde, das Dürer in seinem Kupferstich *Ritter, Tod und Teufel* verewigt hat, bildete sich in England bereits das aus, was hundert Jahre später durch Isaac Olivers *Bildnis des Barons Herbert von Cherbury* (Abb.1) mustergültig ausgedrückt wird. Dürers Dreiheit erscheint hier als „Gentleman, Muße und Natur". Diese drei Werte blieben in England jahrhundertelang untrennbar miteinander verbunden.

Vorbild des neuen Ideals war Castigliones berühmter *Höfling – Il Cortegiano* – (1528), dem in England schon drei Jahre später Thomas Elyots *The Governour* folgte. Danach gab es noch viele Bücher und Schriften, die sich mit der Erziehung zu richtigem Verhalten befaßten. An den dort aufgestellten Normen orientierte sich zunächst nur der Adel, während die übrigen Engländer sich bis ins 18. Jahrhundert hinein dem ausländischen Beobachter keineswegs als die Gentlemen darstellten, als die sie später berühmt wurden. Viel häufiger werden sie als gutmütige, in ihren Äußerungen direkte und im ganzen eher ungeschliffene Menschen beschrieben, die mit Begeisterung zusahen, wie Bären und Bullen von Hunden gehetzt und Verurteilte öffentlich

Abb. 1: Isaac Oliver, Bildnis des Herbert von Cherbury (ca. 1610–15). Die englische Mischung: Gentleman, Muße und Natur.

hingerichtet wurden. Der Code des Gentleman galt hauptsächlich für das Verhalten in Gesellschaft und bei Hofe. Auf dem Lande legten selbst die hohen Herren wenig Eleganz an den Tag, und die Squires, die Angehörigen des niederen Adels, galten bis ins 18. Jahrhundert hinein als rauhbeinige, trinkfeste und jagdfreudige, aber ansonsten von Kultur wenig berührte Lebemänner.

Erziehungsnormen für den Alltag waren bis dahin vorwiegend von den Puritanern aufgestellt und auf deren bürgerliche Bedürfnisse ausgerichtet worden. Als der erste revolutionäre Versuch einer puritanischen Gesellschaftsreform gescheitert war, kehrte in der Restaurationszeit erst einmal die höfische Frivolität und Libertinage zurück. Doch schon bald äußerte sich in der Londoner Mittelschicht ein Bedürfnis nach einer dem bürgerlichen Stande angemessenen Gesittung. Jetzt war das Ideal nicht mehr puritanische Askese, sondern eine allgemeine Verfeinerung der moralischen und ästhetischen Gefühle. Schon im Puritanismus hatte sich ein grundsätzlich egalitäres Denken ausgedrückt. Auch in der neuen, sanfteren Form bürgerlicher Gesittung war ein freiheitlich-demokratischer Zug zu beobachten. Es ist bezeichnend, daß die Mittelschicht nicht mehr den kultivierten Geist und den ausgebildeten Geschmack, also Dinge, die sich nur die privilegierte Klasse leisten konnte, an die oberste Stelle setzte, sondern das, was als natürliche Mitgift jedem Menschen eigen ist, nämlich Gefühl, Intuition und Einbildungskraft. Die neue Ideologie des Gefühls wurde am nachdrücklichsten durch die sogenannten moralischen Wochenzeitschriften propagiert, deren wichtigste und einflußreichste der von Addison und Steele herausgegebene *Spectator* war. Das ganze 18. Jahrhundert hindurch vollzog sich im Bürgertum diese Ausbildung einer gefühlsbetonten Gesittung.

Gleichzeitig fühlte sich auch die Oberschicht zu einer Verfeinerung der Sitten aufgerufen. Ihr Ideal war freilich nicht der „man of feeling", sondern der elegante Mann von Welt. Dabei entwickelte sich eine deutliche Rivalität gegenüber dem damals weltberühmten *bon ton* von Paris, den man einerseits zum Vorbild nahm und von dem man sich andererseits abzusetzen versuchte. Das englische Modell adliger Gesittung wurde von Lord Chesterfield in seinen Erziehungsbriefen an seinen unehelichen Sohn so mustergültig formuliert, daß diese Briefe, als sie nach dem Tode des Verfassers publiziert wurden, sofort in ganz Europa gelesen und als die Kodifizierung der feinen englischen Art verstanden wurden. Chesterfields Ideal ist noch nicht das des späteren Gentleman. Zwar empfiehlt auch er vollständige Selbstkontrolle, Achtung vor dem anderen und eine bis zur Selbstverleugnung gehende Höflichkeit. Darüber hinaus aber hält er seinen Sohn dazu an, größtmögliche Brillanz im Auftreten zu entfalten, jede Geste genauestens zu kalkulieren und sich auf das wirkungsvollste darzustellen. „Standhafte Dreistigkeit nebst scheinbarer Bescheidenheit ist vielleicht die nützlichste Eigenschaft, die man in jedem Zeitpunkt des Lebens haben kann", schreibt er am 1. November 1750. Dieses Ideal enthält neben dem Ethos des späteren Gentleman ein Element, das sich bald darauf von diesem abzulösen beginnt und in Beau Brummell, dem modischen Trendsetter der Regency-Epoche, eine eigene Form annimmt, die sich im Laufe des 19. Jahrhunderts ebenfalls zu einem typisch englischen Phänomen entwickelt, dem Dandy.

Aus dem verbleibenden Bestand der Chesterfieldschen Normen wird dann durch die Public Schools das Ideal des Gentleman geformt. Dessen Wesen besteht darin, daß er beeindruckt, ohne beeindrucken zu wollen. Der Gentleman zeichnet sich durch Haltung, nicht durch Handeln aus. Seine wesentlichen Qualitäten liegen in dem, was er unterläßt, nicht in dem, was er tut. Er braucht weder übermäßig gebildet, noch intellektuell brillant zu sein, weder modisch gepflegt noch gesellschaftlich aktiv. Statt dessen muß er die Fähigkeit haben, in jeder Situation die Form zu waren. Er bricht nicht in Schweiß aus, wenn er im indischen Dschungel im Smoking beim Dinner sitzt, er zuckt nicht mit der Wimper, wenn ihm Kugeln um die Ohren sausen, und er spricht über das Wetter, wo andere ihre Bildung zur Schau stellen. Die Ausbildung dieses Ideals war für die Weltmacht England von größter Wichtigkeit, denn dadurch wurde ein gleichsam genormter Führungskader geschaffen, der das Mutterland in den Kolonien äußerst effektvoll vertreten konnte. In unzähligen Dokumenten ist belegt, daß Engländer sich sogar bei den unterdrückten Völkern durch diesen Markenartikel Respekt verschafften. Noch heute ist der Gentleman das Erziehungsideal der Oberschicht und jener Teile der Mittelschicht, die sich nach oben orientieren. Regional ist er deshalb vor allem im saturierten Süden anzutreffen. Dies ist das England, dessen Gesicht von der *landed gentry*, dem niederen Landadel, geprägt wurde. Die Gentry war mit der städtischen Mittelklasse ökonomisch und politisch eng verbunden. So wundert es nicht, daß ihr Erziehungsideal auch das der Mittelklasse wurde.

b) John Bull

Ein ganz anderes Selbstbild der Engländer stellt sich in der folgenden Karikatur dar.

Abb. 2: Charles Williams, *Der britische Atlas oder John Bull unter der Last des Friedensheers* (1816).

Diesen britischen Atlas hatte der deutsche Anglist Wilhelm Dibelius im Auge, als er 1923 in seinem Buch *England* schrieb: „Der Engländer ist seinem Charakter nach im wesentlichen ein niedersächsisch-friesischer Bauer, den die hervorragende Tüchtigkeit der Rasse zum Herrscher über einen bedeutenden Teil der Welt gemacht hat. Er ist seiner letzten Anlage nach grob materiell, auf Geld und Reichtum pochend, den Freuden des Tisches und des Bechers ergeben, nüchtern, konservativ, energisch und zäh. Fremde Blutmischung mit skandinavischen Wikingern, teils direkt aus Skandinavien, teils aus Frankreich her, hat die Willenselemente der Urrasse zu einer bei keinem anderen Volke zu findenden Berserkerkraft gesteigert. Alles Feine, Zarte, Beschauliche, was unter der harten Schale des niedersächsischen Bauern ebenfalls beschlossen liegt, ist in ständiger Gefahr, von einem harten Egoismus und brutalem Kampftrieb überwuchert zu werden."

Wenn ein Deutscher fünf Jahre nach dem Ersten Weltkrieg so über die Engländer schreibt, wird man vermuten, daß sich darin das Ressentiment des Besiegten ausdrückt. Um so mehr überrascht es da, wenn William Ralph Inge, der von unverhohlenem Patriotismus beseelte Domprediger der St. Pauls Kathedrale, noch 1939 in der deutschen Ausgabe seines eigenen Englandbuchs das von Dibelius als „bewundernswert" bezeichnet. Offenbar nahm er selbst zu einer Zeit, als Deutschland bereits von Hitler regiert wurde, keinen Anstoß an der rassistischen Argumentation, sondern empfand das dort gezeichnete Bild als durchaus zutreffend. Was Dibelius als typisch englisch beschreibt, war von Engländern selber schon seit Jahrhunderten als typisch empfunden worden. Nur handelt es sich dabei nicht um die Engländer der Gentry, sondern um die Schicht unmittelbar darunter, die Freibauern oder *yeomen*.

Diese Klasse galt vom Spätmittelalter bis ins 17. Jahrhundert hinein als das unbeugsame Rückgrat der Nation. Aus ihr rekrutierten sich die berühmten englischen Langbogenschützen, die 1415 bei Azincourt ein dreifach überlegenes französisches Ritterheer vollständig vernichteten. Der Yeoman wird im englischen Schrifttum fast immer mit dem Adjektiv *sturdy* belegt, was soviel wie robust und kräftig mit einem Schuß von Ruppigkeit bedeutet und damit genau dem von Dibelius gezeichneten Bild entspricht. Obwohl die Klasse der Yeomen im 18. Jahrhundert im Zuge der sogenannten landwirtschaftlichen Revolution fast ganz aus der englischen Gesellschaft verschwand, ist der Typus, den sie repräsentierte, geblieben, und noch heute erkennen sich Engländer in ihm. Er erhielt nach dem Verschwinden des Yeoman-Begriffs einen eigenen Namen und heißt seitdem *John Bull*. Der Name wurde von Dr. Arbuthnot, dem Freund Jonathan Swifts, geprägt, der 1712 mit einer Reihe von Pamphleten gegen den damals von England gegen Frankreich geführten Spanischen Erbfolgekrieg agitierte. In diesen Pamphleten erscheint John Bull als das personifizierte England. Er ist ein nicht sonderlich zartfühlender, aber durch und durch ehrlicher Kerl, der unverblümt seine Meinung sagt. John Bull ist bis heute die Bezeichnung für den Engländer schlechthin geblieben, und anders als beim deutschen Michel schwingt darin ein hohes Maß an positiver Anerkennung mit. Auch heute noch erkennen sich viele Engländer eher in ihm als in dem Gentleman mit Nadelstreifenanzug und Melone. Die Identifikation mit ihm ist vor allem unterhalb der oberen Mittelschicht anzutreffen, also bei denen, die nicht auf das Internat von Eton gingen und danach die Universität von Oxford oder Cambridge besuchten. Während der Gentleman der Gentry-Kultur des Südens entsprang, steht John Bull eher für das industrialisierte Mittel- und Nordengland. Der Norden und der Süden Englands wurden schon im 19. Jahrhundert als zwei deutlich verschiedene, geradezu gegensätzliche Kulturen empfunden. Allerdings handelt es sich dabei eher um zwei Metaphern als um eine scharfe regionale Trennung; denn so wie es im Norden den Lebensstil der Gentry gab und gibt, so im Süden den des hemdsärmeligen Unternehmers. Jedenfalls sind es zwei Kulturtypen, in denen Engländer etwas typisch Englisches wiedererkennen.

c) *Engländer der dritten Art*

Seit dem frühen 18. Jahrhundert, als englische Touristen den Kontinent zu überschwemmen begannen, ging ihnen der Ruf voraus, höchst merkwürdige Menschen zu sein, die sich den Launen ihres Spleens überließen und mit normalen Maßstäben nicht zu messen seien. Während der Kontinent an den reisenden Adligen nur die edlere Seite der Exzentrizität beobachtete, hielt der große Realist Hogarth mit unbestechlichem Pinsel ihre heimische, sehr viel drastischere Form fest. In seinen Bildern erscheinen die Engländer als ungebärdige, rauflustige Wesen mit einem Hang zur Anarchie. Im Laufe der Geschichte läßt sich dieser anarchische Zug an unzähligen Ausbrüchen beobachten; und noch heute tritt er auf Fußballplätzen in seiner unerfreulichsten Form zutage, während seine liebenswürdigere Variante sich als Exportartikel erweist, wenn zum Beispiel das karnevalistische Ritual des letzten sommerlichen Promenadenkonzerts in der Londoner Albert Hall im deutschen Fernsehen übertragen wird oder wenn eine Monty-Python-Serie über den Bildschirm geht.

Hätte man gebildete Deutsche um 1800 befragt, mit welcher Shakespeare-Figur sie sich am ehesten identifizieren könnten, dann hätten sie ohne zu zögern gesagt, mit Hamlet. Die Engländer haben eine solche Affinität nie verspürt. Sie hätten wohl eher in Falstaff einen typisch englischen Zug erkannt. Heute haben die Deutschen ihren Hamletcharakter abgelegt, in den Engländern aber scheint noch immer ein Schuß Falstaff zu stecken. Ihr Hang zur Exzentrizität läßt sich spätestens seit der Shakespearezeit beobachten. Ganz offensichtlich drückt sich darin ein Freiheitsbewußtsein aus, das sie sich früher und in größerem Maße erlauben durften als ihre europäischen Nachbarn. So wie der Gentleman dem Bestreben entspringt, in einer sich auflösenden Hierarchie die Signatur des gesellschaftlichen Rangs ins Innere der Person zu verlagern, womit er dann seinerseits in der zunehmend demokratischer werdenden Gesellschaft einen aristokratischen Status bewahren konnte, so steht der Schelm und Exzentriker für den Ausbruch aus eben dieser Normierung und damit für den konkreten Beweis der tatsächlichen Freiheit.

Abb. 3: Karikatur von Rowlandson, *Falstaff und seine Gefolgschaft verteidigen gegenüber John Bull die Vermögenssteuer* (1806). Falstaff tritt hier als dreister Egoist dem ehrlichen John Bull gegenüber.

Die drei hier aufgezeigten Stereotypen wird man in England mit unterschiedlicher Häufigkeit und in den verschiedensten Mischungen vorfinden. Auf den Rennplätzen von Epsom und Ascot wird man Gentlemen der ältesten Schule vorfinden, vor den Toren einer bestreikten Fabrik wird es eher John Bull sein, und in einem Pub wird der Fremde mit Erstaunen beobachten, wie unter manchem Nadelstreifenanzug plötzlich die Falstaffnatur zum Vorschein kommt, die nicht unbedingt freundlich und jovial ist, sondern voller Spottlust und verbaler Aggressivität sein kann.

Auch die Engländerinnen erschienen den Kontinentaleuropäern im Laufe der Jahrhunderte in drei stereotypen Ausprägungen: als kühle Lady, als puritanisch strenge Gouvernante und als emanzipierter Blaustrumpf. Da diese Stereotypen aber nicht wie die männlichen der nationalen Selbstidentifikation dienten, werden wir sie später im Zusammenhang mit dem Status der Frauen noch kurz betrachten.

2. Ein ritualistisches Lebenskonzept

„Die Engländer gehen durchs Leben, als wäre jeder Teil davon ein vorgeschriebenes feierliches Ritual. Sie haben ein ritualistisches Lebenskonzept.“ Dies sind nur zwei Sätze aus einem Kapitel, das der Holländer G.J. Renier mit „The Ritualistic Conception of Life“ überschrieb. Das Buch selbst trägt den provozierenden Titel *The English: Are They Human?* (1938). Damit will der Verfasser nicht etwa andeuten, daß die Engländer unmenschlich seien, sie erscheinen ihm in mancher Hinsicht viel eher übermenschlich. Und das, was sie am meisten von der gewöhnlichen Spezies Mensch unterscheidet, ist eben ihr ritualisierter Lebensstil. Reniers Charakterisierung der Engländer ist bei aller witzigen Überspitzung eine der anschaulichsten Beschreibungen eines Aspekts, den Ausländer auch heute noch, wenngleich in sich abschwächender Form, allenthalben auf den britischen Inseln antreffen. Die erste Begegnung mit einem Engländer beginnt in aller Regel bereits mit einem Ritual. Überall ist es üblich, daß man bei solch einer Gelegenheit vorgestellt wird oder sich vorstellt, aber in England wird dieser Vorgang von einem Satz begleitet, der nichts weiter als ein Ritual ist: „How do you do?“ Der Deutsche, der dies im Englischunterricht nicht gelernt hat, wird es als Frage nach dem Befinden verstehen. Diese aber hätte lauten müssen: „How are you?“ Die erste Frage ist gar keine, sondern nur der bestätigende Abschluß der Vorstellung. Setzt man sich dann mit dem so gewonnenen neuen Bekannten zu Tisch, begegnet man der nächsten Besonderheit. Engländer halten die Gabel verkehrt herum und quetschen selbst die Erbsen auf die Rückseite, statt sie wie die Deutschen mit der richtigen Seite zum Mund zu führen. Es scheint so, als würden sie damit ganz bewußt den Eindruck des gierigen Hineinschaufelns der Nahrung vermeiden wollen.

In nahezu allen Lebensäußerungen läßt sich diese ritualisierte Selbstzügelung beobachten. Unter Engländern gilt es als ungehörig, laut zu sprechen. Lautstärke, Gestik, Dauer des Sprechens – bei all dem spürt man die angezogene Bremse eines voll-

Abb. 4: Wachsoldat vor Windsor Castle.

ständig internalisierten Rituals. Selbst die englische Sprache hat eine rituelle Komponente. Während der Deutsche einem gesprochenen Satz zuerst die semantische Information entnimmt und auf den Tonfall des Sprechers nur dann achtet, wenn sich darin Tadel, Ärger oder Grobheit ausdrücken, gehört zu jedem englischen Satz ein bestimmtes Intonationsmuster. Es ist der für Ausländer am schwersten zu lernende Teil des Englischen. Eine fallende Intonation am Satzende signalisiert den Wunsch, das Gespräch zu beenden, eine steigende lädt den Partner zu einer Äußerung ein. Und eine fallende und gleich darauf steigende ist die häufigste und allerenglischste, weil sie genau auf der unsichtbaren Linie zwischen unhöflicher Abweisung und zu starkem Eindringen in die Privatsphäre des anderen entlangbalanciert.

Je älter der kulturelle Rahmen, um so ausgeprägter ist die Ritualisierung. Bei allem, was mit der Monarchie zu tun hat, tritt das Ritual als publikumswirksames Zeremoniell unübersehbar in Erscheinung. Aber auch hinter den verschlossenen Türen des Parlaments gilt die gleiche Ritualisierung. Dort wird zwar mit scharfer Klinge gefochten, doch ist es zum Beispiel verboten, einen Abgeordneten mit seinem Namen anzureden. Nur einem Neuling läßt man den Fauxpas durchgehen. Alle anderen werden dafür zur Ordnung gerufen. Man hat die Abgeordneten als „the honourable member for" (und dann folgt der Wahlkreis) anzureden. Das gesamte Regierungsverfahren von der alljährlichen feierlichen Parlamentseröffnung durch die Königin bis zur Gesetzesverkündung folgt einem streng geregelten Ritual, das etwas ganz anderes ist als das bloße Einhalten einer Geschäftsordnung. Unzählige ritualisierte Ereignisse sind über das ganze Jahr verteilt wie anderswo die kirchlichen Feiertage. Die Henley-Regatta und das von den Universitäten Oxford und Cambridge auf der Londoner Themse ausgetragene *Boat Race*, die traditionellen Pferderennen, die *Test matches* im Cricket zwischen England und den Commonwealth-Ländern und das Tennisturnier von Wimbledon sind nur einige herausragende Beispiele. Selbst das Einfangen und Markieren der Jungschwäne hat als *swan-upping* seinen Platz im englischen Kalender; denn alle Schwäne gelten seit dem Mittelalter automatisch als Eigentum der Krone, sofern sie nicht durch den „königlichen Schwanenhirten" besonders markiert werden. Auch Regelungen, die auf relativ junge Verordnungen zurückgehen, wie zum Beispiel die Öffnungszeiten der Pubs, haben sich sogleich zu einem festen Ritual der Trinkgewohnheiten entwickelt.

Es sind vor allem diese Rituale, die den Engländern den Ruf eingebracht haben, konservativ zu sein. Bei der Betrachtung der englischen Verfassung werden wir darauf noch näher eingehen und eine Erklärung versuchen, weshalb England an seinen Ritualen so hartnäckig festhält. Es mag hier erst einmal genügen, die Ritualisierung als einen Grundzug des englischen Lebens festzuhalten. Allerdings muß schon an dieser Stelle gesagt werden, daß sich die Rituale im wesentlichen auf den Lebensstil der Mittelklasse und auf das von ihr dominierte staatliche Establishment beschränken. Die Unterschicht hat sich dem Code nur hier und da unterworfen. So wird man bei einer Sportart wie dem Cricket, das einen ausgesprochenen Mittelklassencharakter hat, die Verhaltensrituale noch weitgehend intakt finden, während sie bei einem Unterschichtssport wie dem Fußball kaum anzutreffen sind. Die Rituale des allgemeinen Sozialverhaltens scheinen inzwischen im Schwinden zu sein; das Zeremoniell von Staat und Monarchie wird dagegen hartnäckig bewahrt.

3. Drei Codes der „feinen englischen Art"

In der allgemeinen Ritualisierung, von der im vorigen Kapitel die Rede war, lassen sich drei Codes ausmachen, die das englische Verhalten auch heute noch so sehr steuern, daß sie den Deutschen als die zum festen Begriff gewordene „feine englische Art" erscheinen. Diese Codes sind nicht so alt wie die sieben englischen Tugenden, die wir später einzeln betrachten wollen. Sie sind aber durch diese bedingt und stellen gewissermaßen ihre für den Alltag ritualisierte Form dar.

a) Höflichkeit

Den Code der Höflichkeit haben wir schon als Kennzeichen des Gentleman erwähnt. Deutsche Touristen, die zu Hause mit dieser Tugend meist wenig verwöhnt wurden, nehmen die englische Höflichkeit schon in ihren äußerlichsten Erscheinungsformen wahr, zum Beispiel in der Art, wie Autofahrer geduldig einen Fußgänger passieren lassen, selbst wenn dieser eigentlich bei Rot hätte warten müssen. Deutsche Autofahrer berichten, daß sie das Fahren in England trotz des ungewohnten Linksverkehrs als weniger nervenaufreibend empfunden hätten als zu Hause auf der gewohnten rechten Fahrbahn. Noch auffälliger ist die Höflichkeit dort, wo sie sich in feineren Nuancen zeigt, zum Beispiel im Gespräch. Während man bei einer deutschen Konversation meist wie ein Sprinter in den Startlöchern darauf lauert, in einer Gesprächslücke auf den fahrenden Zug aufspringen zu können, hält der englische Partner sofort inne, wenn er merkt, daß der andere etwas sagen will. Oft freilich folgt der angenehmen Überraschung später eine gewisse Enttäuschung, weil der Engländer sich nicht so engagiert ins Zeug legt, wie man es von einem interessanten deutschen Gesprächspartner erwartet. Engländer halten mit ihren Überzeugungen zurück, wollen niemanden belehren und scheinen das Gespräch nur zu dem Zwecke zu führen, für eine bestimmte Zeit einen sozialen Kontakt herzustellen, bei dem die Privatsphäre der Beteiligten unangetastet bleibt. So kommt es, daß Deutsche nach einem längeren Aufenthalt in Großbritannien oft sagen, sie hätten zwar sehr schnell Kontakt gefunden, nur habe sich die Beziehung danach nicht weiterentwickelt und man sei am Ende einander doch fremd geblieben.

Der geradezu ehrfürchtige Respekt vor der Privatsphäre des anderen zeigt sich in ganz alltäglichen Situationen, etwa in der U-Bahn, wo jeder darauf bedacht ist, sein Gegenüber nicht direkt anzuschauen. Wenn sich die Blicke dann doch zufällig begegnen, lächelt man sich an, um aus dem Eindringen in die Privatsphäre einen kontrollierten Akt der Kommunikation zu machen. Das gleiche geschieht, wenn zwei sich allein auf der Straße begegnen. Dann fühlen sie die Verpflichtung, sich anzulächeln und vielleicht ein Wort über das Wetter zu sagen. Überhaupt ist das Reden über das Wetter etwas, was Ausländer meist als eine sonderbare Marotte der Engländer empfinden. Man hört dabei nicht selten die Erklärung, das Wetter sei deshalb so oft Gesprächsgegenstand, weil es in England so wechselhaft sei und folglich soviel Anlaß zu Verdruß gebe, den man sich von der Seele reden müsse. Diese Erklärung ist gewiß falsch, denn über das Wetter wird kaum jemals richtig geschimpft, so daß sich das Reden darüber schwerlich als ein Akt der seelischen Hygiene deuten läßt. Der eigentliche Grund dafür ist der, daß das Wetter ein Gegenstand ist, der grundsätzlich außerhalb der Privatsphäre liegt, so daß man niemanden dadurch verletzen oder zu einer persönlichen Stellungnahme zwingen kann. Der Austausch von Informationen über Sportereignisse wie Crikket, Fußball oder Pferderennen ist genauso unverfänglich, wohingegen politische Ereignisse bereits zu einer Stellungnahme herausfordern und infolgedessen gemieden werden. Was für die flüchtige Begegnung auf der Straße oder auf einer Parkbank gilt, ist beim „small talk“ anläßlich einer Abendeinladung nicht anders. Da sich hier aber das Gespräch über Stunden hinzieht, bedarf es einer hochentwickelten Kunst der unaufdringlich geistvollen und doch nahezu nichtssagenden Konversation. Gebildete Engländer beherrschen diese Kunst virtuos, während Deutsche sich auf einer solchen Party meist wie Elefanten im Porzellanladen fühlen und nicht selten auch als solche empfunden werden.

b) Fair play

Der Fairneß-Gedanke hatte in England bereits durch die Rechtsprechung Eingang gefunden. Schon im Spätmittelalter kam es immer häufiger vor, daß die nach dem ungeschriebenen Common law gefällten Urteilssprüche zwar rechtmäßig waren, aber als unbillig empfunden wurden. Die Betroffenen wandten sich dann an den Lordkanzler und baten um eine Revision des Richterspruchs. Ein im juristischen Sinne billiges Urteil wurde als fair bezeichnet. Aus dem Bereich von Rechtsstreitigkeiten wurde der Begriff bald auf sportliche Wettkämpfe übertragen. Die Tatsache, daß das deutsche Wort ‚Sport‘ aus dem Englischen entlehnt wurde, zeigt bereits an, daß die Engländer auf diesem Felde dem übrigen Europa weit voraus waren. Von der englischen Liebe zu sportlichen Wettkämpfen wird seit dem späten Mittelalter berichtet. Selbst Könige wie Heinrich VIII. traten zum Ringkampf an oder ritten wie Karl II. ihre Rennpferde selber. Im 18. Jahrhundert wurden nach der Gründung des Jockey Clubs strenge Regeln für den Pferdesport festgelegt, die bald vom übrigen Europa übernommen wurden, was dazu führte, daß die Turf-Sprache fast überall von englischen Begriffen durchsetzt ist. Ein anderer Sport, der sich im 18. Jahrhundert großer Beliebtheit erfreute, war das Boxen. Die später vom Marquis von Queensberry formulierten Boxregeln wurden ebenfalls von ganz Europa übernommen, und ebenso das Regelwerk der Londoner Football Association, das die modernere Form des europäischen Fußballs beschreibt, die in England nach der Abkürzung ‚Assoc.‘ als *soccer* bezeichnet wird, während die Public

Abb. 5: Zwei berühmte Boxer des 18. Jahrhunderts.

school von Rugby die Regeln für die ältere Form des Fußballs festlegte und damit diesem Sport ihren Namen gab.

Die Überführung der alten ritterlichen Tradition blutiger Duelle, die im 17. Jahrhundert auch in England noch als regelrechte Epidemie empfunden wurden, in eine Vielfalt sportlicher Wettkampfformen ist eine spezifisch englische Kulturleistung, die dieser Nation den Ruf eingebracht hat, besonders sportlich zu sein. Man kann darin einen Beweis für die hohe Rationalität der Engländer sehen. Die übrigen europäischen Länder, die noch im 19. Jahrhundert damit beschäftigt waren, ihre feudale Vergangenheit zu bewältigen, wurden weiterhin von der Seuche des Duellierens geplagt. In Deutschland hatten selbst die neugegründeten studentischen Verbindungen das irrationale Initiationsritual des Mensurenschlagens übernommen. Hier herrschte überall noch, am ausgeprägtesten wohl in Rußland, der alte feudale Wertekodex, dessen zentraler Begriff die persönliche Ehre war. Wie sehr sich die englische Rationalität von diesem irrationalen Ehrbegriff des Kontinents unterschied, belegt die folgende von William R. Inge berichtete Anekdote. Als der Herzog von Wellington, der auf der iberischen Halbinsel Krieg gegen Napoleon führte, einen lokalen Hidalgo um Unterstützung bat, antwortete dieser, die Würde eines Spaniers verlange, daß solch eine Bitte auf Knien vorgetragen werden müsse, worauf der Herzog unverzüglich vor dem Hidalgo in die Knie ging. Ihm ging es um den Zweck und nichts weiter. Er hatte nicht das Gefühl, sich durch den Kniefall irgendetwas zu vergeben. Er wog ganz rational die Erniedrigung auf der einen Seite gegen den erwarteten Gewinn auf der anderen ab und tat das, was den größten Vorteil versprach. Genauso rational ist das sportliche Kräftemessen. Schon das ‚Messen' weist auf diese Rationalität hin. Im feudalen Ehrenhandel war hingegen immer ein Element von irrationalem Gottesurteil enthalten.

Im 18. Jahrhundert diente der professionelle Sport in erster Linie noch der Volksbelustigung und dem Wetten, das sich bei den meisten weit größerer Beliebtheit erfreute als der Sport selbst. Im 19. Jahrhundert wurde der Sport dann aber systematisch als ein Bildungsinstrument eingesetzt. Die Public schools pflegten ihn in besonderem Maße. Als Kaderschmieden des Empire mußten sie Menschen für Führungspositionen heranziehen, von denen erwartet wurde, daß sie mutig, ausdauernd, besonnen und dennoch gewitzt zu handeln verstanden. Alle diese Tugenden wurden beim Sport trainiert. Das Ergebnis dieser Erziehung waren Menschen, die eine typisch englische Mischung aus Fairneß und Cleverneß aufwiesen. Sie spielten das Spiel nach den vereinbarten Regeln, doch ohne den blutigen Ernst des ritterlichen Ehrenkodexes, und sie waren gleichzeitig clever genug, das gesetzte Ziel mit dem geringstmöglichen Kräfteaufwand zu erreichen. Durch das Spielelement des Fair Play unterschieden sie sich von dem blutigen Ernst, der die andere große Kolonialmacht Spanien charakterisierte; und durch die Cleverneß unterschieden sie sich von der hemdsärmeligen Tüchtigkeitsideologie der Deutschen. Geradezu als Symbol dieser Verbindung von Fairneß und Cleverneß kann man das Cricket ansehen. Diese englischste aller Sportarten ist für viele Ausländer gänzlich unverständlich. Sie können nicht fassen, daß über viele Tage hinweg Wettkämpfe ausgetragen werden, bei denen immer nur einer etwas tut, ein anderer darauf reagiert und alle anderen die meiste Zeit untätig herumzustehen scheinen. Genau dies aber ist die typisch englische Mischung aus strengem Regelwerk, gewitztem Abwarten der eigenen Chance und dem Erreichen des Ziels auf dem kürzestmöglichen Weg mit dem geringstmöglichen Aufwand. Das hat nichts vom tödlichen Ernst eines spanischen Stierkampfs, aber auch nichts von Turnvater Jahns schweißtreibender körperlicher Ertüchtigung.

c) Selbstdisziplin

„To keep a stiff upper lip" (eigentlich: eine steife Oberlippe bewahren) ist die Formel für ein ungeschriebenes Gesetz, nach dem sich die Engländer auch heute noch richten. Es verbietet ihnen, sich eine Schwäche, ein Verletztsein oder im positiven Fall eine übergroße Freude anmerken zu lassen. Die Wahrung der Form, des Gesichts und der Haltung ist oberstes Gebot. Bei einem wahrhaften Gentleman mußte diese vollkommene Selbstkontrolle obendrein noch die Lässigkeit eines müßigen Spiels haben. Ausländische Touristen, zumal deutsche, sind auch heute noch beeindruckt, wenn sie sehen, mit welchem Gleichmut sich Engländer noch bei strömendem Regen in die Warteschlange an einer Bushaltestelle einreihen. Dabei hat die vielgerühmte englische Selbstdisziplin in den letzten Jahrzehnten durch das Rowdytum von Fußballfans und durch die zunehmende Gewalt in den Arbeitervierteln der großen Industriestädte viel von dem Glanz eingebüßt, den sie bis Anfang der sechziger Jahre hatte. Damals mußte einem Deutschen der stoische Gleichmut der Engländer fast übermenschlich vorkommen. Es war nicht nur das geduldige Schlangestehen, das Bewunderung erregte. Der allgemeine Umgangston, der dem Fremden begegnete, ließ eine völlig zur zweiten Natur gewordene Selbstdisziplin erkennen. Unmutsäußerungen waren erstaunlich selten zu hören, das zwischenmenschliche Verhalten war durch gleichbleibende Höflichkeit geprägt, und es herrschte das Prinzip, daß jeder Mensch vertrauenswürdig war, solange kein Grund zum Mißtrauen vorlag. Überall konnte man in London Zeitungsstapel sehen, wo der Kunde sich bediente und das Geld in eine Sammelbüchse warf, die manchmal sogar offen war, so daß man sich das Wechselgeld herausnehmen konnte. Der Verfasser erinnert sich an ein Antiquariat im Norden Londons, wo man noch 1963 während der Mittagspause des Inhabers ganz allein den Laden durchstöbern konnte; hatte man etwas gefunden, zahlte man den im Buch vermerkten Preis und nahm sich das Wechselgeld aus der Ladenkasse.

Alles dies ist inzwischen auch in England nur noch Legende. Der Straßenverkehr hat zwar noch nicht die Ruppigkeit angenommen, an die wir uns in Deutschland gewöhnt haben, und auch der Vertrauensvorschuß, den man dem Mitmenschen gewährt, scheint immer noch größer zu sein als hierzulande, doch hat sich über das legendäre Bild der englischen Höflichkeit und Selbstdisziplin ein unübersehbarer Grauschleier gelegt. Dennoch läßt sich auf Schritt und Tritt beobachten, daß Engländer noch immer ein weit größeres Maß an Kontrolle über sich selbst üben als Deutsche, Franzosen oder Italiener. Ihre Glanzzeit hatte die englische Selbstdisziplin in der Zeit des Empire. Unter Viktoria waren die Public Schools für England das, was für Preußen die Armee war: Schule der Nation. Ihre Bewährungsprobe bestanden die Absolventen in den Kolonien, wo sie durch ihre Selbstdiziplin sogar den unterjochten Kolonialvölkern Hochachtung abnötigten. Der Bilderbuchengländer jener Tage, dem noch in Karikaturen unverhohlene Bewunderung entgegengebracht wurde, ist inzwischen nur noch selten anzutreffen. Man sieht ihn gelegentlich in Seebädern, wo pensionierte Colonels ihren Lebensabend verbringen. Ansonsten aber dominiert eine modernere Generation, deren Selbstdisziplin nicht mehr ganz so streng ritualisiert ist. Dennoch haben Deutsche auch heute noch oft den Eindruck, als seien den Engländern die Ellenbogen abhanden gekommen.

Selbstdisziplin wurde aber nicht erst zu Zeiten Viktorias an den Engländern beobachtet. Schon bei Kleist kann man eine

Anekdote von zwei englischen Boxern lesen, die sich schwerste Schläge zufügen, jeden empfangenen Schlag ungerührt mit einem anerkennenden Kommentar quittieren und schließlich beide an ihren Verletzungen sterben. Und bereits zur Zeit Shakespeares trug die Ethik der Bildungsschicht unverkennbar stoische Züge. Die antike Stoa war den Gebildeten durch Seneca vertraut, dessen blutrünstige Dramen in den Lateinschulen und an den Universitäten im Lateinunterricht nicht nur gelesen, sondern oft auch aufgeführt wurden. Ihr Einfluß ist im elisabethanischen Drama allenthalben zu spüren. In diese stoisch geprägte Haltung mischte sich ein moderner skeptischer Zug, der, wie es scheint, vor allem durch Montaigne in die englische Literatur eingeführt wurde. In Shakespeares Stücken finden wir reichlich Beispiele für eine von Skepsis und stoischer Selbstdisziplin geprägte Ethik, die damals das Ideal der Gebildeten gewesen sein muß. Horatio, den Hamlet wegen seiner Leidenschaftslosigkeit bewundert, ist ein typischer Repräsentant dieser Ethik. Und Edgars Satz im *König Lear* „Dulden muß der Mensch / Sein Scheiden aus der Welt, wie seine Ankunft: / Reif sein ist alles" ist nur einer von vielen bei Shakespeare, aus denen diese Haltung spricht. Kollektiv fühlen sich Engländer in besonderem Maße durch dessen *Heinrich V.* angesprochen. Dieses Stück wird vor allem dann aufgeführt, wenn es gilt, patriotische Gefühle zu mobilisieren. Wenn darin der König in einfacher Kleidung vor seinen Soldaten steht und sie in einer bewegenden Rede zum Kampf aufruft, dann appelliert er dabei nicht so sehr an die heldenhaften Gefühle, sondern an die Leidensfähigkeit der Soldaten. Durch sie unterscheiden sich die Engländer das ganze Stück hindurch von ihren Gegnern, den Franzosen. Zeitgenössische Chronisten berichten aus verschiedenen Epochen von der furchtlosen Todesverachtung, mit der englische Soldaten kämpften. Alle diese Daten fügen sich zu einem Bild, in dem Selbstdisziplin ein vorherrschender Grundzug ist.

Sicher handelt es sich hier nicht um ein genetisches Merkmal. Es liegt näher, darin einen ideologischen Reflex der frühen Freisetzung des Individuums zu vermuten. Während in festgefügten hierarchischen Ordnungen der Mensch in seinem Verhalten durch den äußeren Rahmen gestützt wurde, mußte dieser Rahmen dort, wo die Menschen auf sich selber angewiesen waren, durch verinnerlichte Normen ersetzt werden. Hier bietet sich eine Erklärung dafür an, daß die englische Mittelschicht so bereitwillig den Kalvinismus angenommen hat. Er war die Form des Protestantismus mit der am stärksten verinnerlichten Ethik. Die frühe Freisetzung des Bürgers in England schuf die Voraussetzungen für etwas, was der amerikanische Soziologe David Riesman eine „innengeleitete Gesellschaft" nennt. Eine solche Gesellschaft bedurfte eines verinnerlichten Normensystems, wie es die stoische Ethik der Selbstkontrolle beinhaltet, die für England bis heute so charakteristisch ist. Von den beiden ritterlichen Idealen des Mittelalters, wie sie Parzival und König Artus verkörperten, nämlich das aktive Heldentum und die christliche Leidensfähigkeit, kam für den Bürger nur das letztere in Frage. Die Engländer haben sich diesen stoischen Code als einen Grundzug ihrer Alltagsethik bis heute bewahrt. Allerdings hat er auch seine Schattenseiten. Er bewirkt nämlich, daß Engländer dazu neigen, sich mit Mißständen abzufinden, statt sie zu beheben. Für Deutsche ist es jedenfalls unverständlich, wie man in Privatwohnungen und mehr noch in den mit Recht übel beleumundeten englischen Hotels zugige Fenster, tropfende Wasserhähne und nicht funktionierende Steckdosen mit der gleichen Gelassenheit hinnehmen kann, mit der man das Wetter über sich ergehen läßt. Wenn aber die ganze Nation mit dem Rücken zur Wand stand, wie in den beiden Weltkriegen, haben die Engländer noch stets bewiesen, daß ihre Tatkraft ihrer Leidensfähigkeit entspricht und daß gerade die letztere sie zu besonderen Taten befähigt.

4. Understatement und Jargon der Tüchtigkeit – ein englisch-deutscher Stilvergleich

Wer als Deutscher die englische Sprache sicher beherrscht und aus beruflichen Gründen häufig Fachliteratur in beiden Sprachen lesen muß, wird die Erfahrung gemacht haben, daß er manchmal den englischen Text leichter versteht als den in seiner deutschen Muttersprache. Besonders häufig dürfte dieser Fall eintreten, wenn es sich um geisteswissenschaftliche Literatur handelt. Deutsche Autoren scheinen unter dem sonderbaren Zwang zu stehen, so kompliziert wie irgendmöglich zu schreiben, während man bei englischen Autoren den Eindruck hat, als müßten sie aus einem entgegengesetzten Zwang heraus so einfach wie möglich schreiben. Wenn ein deutscher Gelehrter einen Vortrag hält, pflegt er mit einem atemberaubend schwierigen Satz zu beginnen, der die Zuhörer zwingt, ihm mit einem gewaltigen Klimmzug auf das intellektuelle Hochreck zu folgen, wo er ihnen Riesenwellen des Geistes vorturnen wird. Sein englischer Kollege dagegen beginnt mit einem Scherz, der mit Gelächter quittiert wird. Es ist so, als dürfe er seine Zuhörer nicht spüren lassen, wie sehr er ihnen überlegen ist. Deshalb muß er erst einmal durch einen Scherz signalisieren, daß er mit ihnen auf gleicher Höhe steht. Der deutsche Gelehrte dagegen ist es seiner fachlichen Reputation schuldig, bereits im Stil erkennen zu lassen, wie anstrengend es ist, in solche Höhenluft emporzudringen. Theodor W. Adorno, der in dieser Hinsicht ein typischer Deutscher war, hat sich einmal in einem Aufsatz gegen den Vorwurf des übermäßigen Gebrauchs von Fremdwörtern mit dem folgenden Argument verteidigt: „Versuche der Formulierung, die, um die gemeinte Sache genau zu treffen, gegen das übliche Sprachgeplätscher schwimmen und gar sich bemühen, verzweigtere gedankliche Zusammenhänge getreu im Gefüge der Syntax aufzufangen, erregen durch die Anstrengung, die sie zumuten, Wut. Der sprachlich Naive schreibt das Befremdende daran den Fremdwörtern zu, die er überall dort verantwortlich macht, wo er etwas nicht versteht." Wenn dieses Argument richtig wäre, müßten Engländer entweder grundsätzlich keine „verzweigteren gedanklichen Zusammenhänge" ausdrücken können oder aber sie schaffen dies, entgegen der Adornoschen These, ohne dabei die Verzweigtheit „in der Syntax aufzufangen". Adorno nennt die oben zitierte Wut des Lesers oder Zuhörers an anderer Stelle des Aufsatzes ‚Rancune', und er meint damit das Ressentiment des Spießers gegenüber dem Intellektuellen. So scharfsinnig er damit die zweifellos richtig beobachtete Reaktion des Spießers analysiert, so arglos und naiv fällt er dabei auf seine eigene Ideologie herein; denn wenn der Spießer dem Intellektuellen grollt, weil er sich diesem gegenüber unterlegen fühlt, so entspringt solche „Rancune“ genau der gleichen Ideologie, deretwegen der Intellektuelle das Bedürfnis hat, seine Überlegenheit zu zeigen. Es ist die deutsche Leistungsideologie, deren Schlüsselwort ‚Tüchtigkeit‘ heißt. In Deutschland ist es nicht nur erlaubt, sondern geradezu geboten zu zeigen, wie tüchtig man ist. Aufgekrempelte Ärmel und Schweiß auf der Stirn sind nichts Ehrenrühriges, sondern im Gegenteil etwas, das allgemeine Anerkennung findet. ‚Tüchtig‘ ist ein Wort, das uneingeschränktes Lob bedeutet, wobei es gleichgültig ist, ob ein Arbeiter die Schwielen an seinen Händen oder ein Intellektueller seine Gehirnschwielen zeigt. ‚Tüchtig‘ ist ein Wort, daß sich nicht ins Englische übersetzen läßt. ‚Clever‘ ist jemand, der ohne Schweiß auf der Stirn Erfolg hat, ‚competent‘ ist, wer einen Auftrag mit dem geringstmöglichen Aufwand dennoch perfekt erfüllt. ‚Diligent‘, ‚industrious‘ oder gar ‚hard-working‘ sind Menschen, die mit Schweiß auf der Stirn arbeiten, aber dabei nicht unbedingt Erfolg haben. Tüchtig aber meint beides, den Schweiß auf der Stirn und den Erfolg. England kennt keine Ethik, die der deutschen Tüchtigkeitsethik vergleichbar wäre. Das höchste Leistungsethos eines Engländers besteht gerade darin, sich die Anstrengung der erbrachten Leistung nicht anmerken zu lassen. Das ist das genaue Gegenteil der Adornoschen Stilforderung. Das englische Stilideal zwingt den Autor dazu, so zu schreiben, daß der Leser die Mühe der Denkarbeit eben nicht merkt, sondern bei der Lektüre das Gefühl hat, dem intellektuellen Spiel eines Müßiggängers zuzuschauen. Je höher einer in der Rangordnung steht, um so mehr steht er unter dem Zwang, sich dies nicht anmerken zu lassen. So schreiben dann gerade die größten Koryphäen ihres Faches am einfachsten, so daß der Leser manchmal die Tiefe des Gedankens gar nicht wahrnimmt, weil der Autor mit so leichter Feder darüber hinwegschreibt.

Dieser fundamentale Stilunterschied zeigt sich nicht nur im Schrifttum, sondern in allen Bereichen, in denen es um Leistung geht. Der Deutsche ist es seinem Selbstwertgefühl schuldig zu zeigen, wie tüchtig er ist; der Engländer darf eben dies nicht tun, wenn er nicht sein Gesicht verlieren will. Wenn ein deutscher Autofahrer sich bei roter Ampel einer Kreuzung nähert und vor ihm bereits ein Auto wartet, wird er sogleich auf die Überholspur gehen und sich danebenstellen. Der Engländer wird wahrscheinlich hinter dem anderen Auto warten, da eine innere Stimme ihm verbietet, seinen Drang nach vorn so plump zu zeigen. Immer wieder kann man erleben, was gelegentlich in Anekdoten von englischen Gelehrten berichtet wird. Da verwickelt ein dreister Deutscher einen ihm unbekannten Engländer, der die Weltkapazität seines Faches ist, in einen Disput just über dessen Spezialgebiet, und der hilflose Engländer deutet nur in sanft verklausulierter Form an, daß er die unsinnige These seines Gesprächspartners denn doch nicht für endgültig erwiesen halte und sich erlaube, gewisse Zweifel anzumelden. Dem deutschen Gelehrten würde es nicht einfallen, sich auf ein solches Bescheidenheitsritual einzulassen. Statt dessen würde er nicht zögern, selbst einen durchaus seriösen, doch in der Hackordnung unter ihm stehenden Fachkollegen durch das bloße Herauskehren der eigenen Reputation in die Schranken zu weisen. Tüchtigkeit ist der höchste Wert auf der deutschen Leistungsskala, und deshalb ist es guter deutscher Stil, sie auch zu zeigen.

Weshalb aber darf der Engländer seine Tüchtigkeit nicht zeigen? Auch dies ist nichts, was auf den englischen Genen sitzt, wie übrigens auch der „Jargon der Tüchtigkeit“ kein dauerhaftes Merkmal der Deutschen ist. Im 16. und 17. Jahrhundert schrieben die Engländer einen genauso elaborierten Stil wie das übrige Europa zur Zeit des Manierismus, und sie zeigten ohne große Hemmungen ihre rhetorische Brillanz. Umgekehrt gab es im 18. und frühen 19. Jahrhundert auch in Deutschland Autoren, die einen eleganten, leicht faßlichen Stil schrieben. Heine sei hier als Beispiel genannt. Der eigentümliche Unterschied zwischen dem englischen und dem deutschen Stil hat sich erst im Laufe des vorigen Jahrhunderts herausgebildet, um sich in der ersten Hälfte des jetzigen voll zu entfalten. Damals stand

Deutschland in seiner politischen und wirtschaftlichen Entwicklung ganz unten, England ganz oben. Wer unten steht, für den muß der höchste Wert darin bestehen, nach oben zu gelangen. Folglich wird er eine Leistungsethik internalisieren, die die Tüchtigkeit als höchsten Wert anerkennt. Wer aber oben steht, wie kann sich der noch selber übertreffen? Wohl kaum dadurch, daß er sich noch höher quält. Sein größter Triumph wird sein, sich nicht anmerken zu lassen, wie anstrengend es ist, an der Spitze zu stehen. Dies ist das Ethos, daß hinter all den sphinxhaften Charakterzügen steht, die Ausländer an Engländern so irritieren. Der Stoizismus, mit dem sie im Regen auf den Bus warten und dabei lächelnd über das miserable Wetter plaudern, und die Langmut, mit der sie einen deutschen Drängler in der Warteschlange ignorieren oder so erstaunt ansehen, als sei er ein Wesen von einem anderen Stern, sind Ausdruck dieses einen, immer gleichen internalisierten Zwangs, sich nicht anmerken zu lassen, daß ihnen ein lästiger Sachverhalt unter die Haut geht. Wenn unsere Deutung richtig ist, wäre damit eines der typischsten englischen Phänomene erklärt, die Neigung zum Understatement. Und zugleich wäre erklärt, daß der „Jargon der Tüchtigkeit" kein Erbdefekt der Deutschen ist, sondern ein historisch begründetes Ideologem.

5. Freiheitsliebe

„Der freigeborene Engländer": diese Formel zieht sich jahrhundertelang wie ein roter Faden durch das englische Schrifttum, das die immer neuen Schübe rebellischer und schließlich sogar revolutionärer Auflehnung gegen die Obrigkeit begleitete. Am Anfang der Entwicklung stand ein Dokument, das sich bereits im Titel als ein „großer Freiheitsbrief" auswies, die *Magna Charta Libertatum* von 1215. Heute sehen Engländer in ihr das erste Verfassungsdokument, auf dem ihre Demokratie begründet ist. In Wirklichkeit war sie ein Feudaldokument, das die Barone zur Sicherung ihrer eigenen Interessen dem König abgetrotzt hatten. Doch werden darin auch die Rechte aller „freien

Abb. 6: Freie Rede im Hyde Park in der „Rednerecke“.

Engländer“ garantiert, was allerdings nicht viel zu bedeuten hatte, da die überwältigende Masse der Bevölkerung unfreie Leibeigene waren. In der Mitte des 13. Jahrhunderts setzte sich das Ringen zwischen den Baronen und der Krone fort. 1258 führte Simon de Montfort eine Reformbewegung an, die in den ‚Provisionen von Oxford' der Krone erneut Freiheitsgarantien abrang. Sieben Jahre später fiel de Montfort im Kampf gegen Heinrich III. und ging wie die Magna Charta in die Gründungsgeschichte der englischen Demokratie ein. Auch seine Rebellion war noch ein reiner Feudalkonflikt. Neunzig Jahre später, 1348/49, wurde England von der verheerenden Großen Pest heimgesucht, die fast ein Drittel der Bevölkerung hinwegraffte. Der plötzliche Mangel an Arbeitskräften und die gesunkene Nachfrage nach Lebensmitteln schwächte die Position der landbesitzenden Feudalherren und stärkte die der Pächter und Leibeigenen. Damit war der Niedergang des Feudalismus in England besiegelt. Als 1381 abermals eine Rebellion ausbrach, waren es jetzt nicht mehr die Barone, sondern die Bauern, die gegen die Obrigkeit aufstanden. Wat Tyler, Jack Straw und John Ball, ihre Anführer, gingen wie de Montfort als Märtyrer in die Geschichte der englischen Freiheit ein. Bei einem weiteren Aufstand 1450 folgte ihnen, mit gleichem Schicksal, Jack Cade. In der Zeit dazwischen zogen durch England die Lollarden, Anhänger Wiclifs, der als erster Reformator eine antiklerikale Bewegung ins Rollen brachte, in der schon vieles vom späteren englischen Nonkonformismus angelegt war. Ihr sonderbarer Name leitet sich von dem niederländischen Wort *lollaerd* (‚Murmler') her. Diese zunächst verächtliche Namensgebung erinnert an ähnlich entstandene Namen späterer Freiheitsbewegungen wie die der *ranter* (‚Hetzer') und *quaker* (‚Zitterer') im 17. Jahrhundert. Antikirchliche Bewegungen gab es auch auf dem Kontinent, von den Waldensern über die Albigenser bis hin zu den Wiedertäufern. Bei ihnen war der religiöse Chiliasmus das dominante Motiv. Bei den englischen Bewegungen aber ging es neben der religiösen Erweckung ganz entschieden um bürgerliche Freiheiten.

Ein augenfälliges Zeichen der englischen Freiheit ist das Verschwinden der Leibeigenschaft fast vier Jahrhunderte vor der Befreiung der französischen und deutschen Bauern. Als England und Frankreich 1337 ihren Hundertjährigen Krieg begannen, zogen beide Seiten als Feudalstaaten in diesen Krieg und gingen 1453 als Nationalstaaten aus ihm hervor. In jener Zeit hatte sich in England endgültig das Bewußtsein einer eigenen nationalen Identität ausgebildet. Doch anders als in Frankreich war damit zugleich der Anspruch auf das Geburtsrecht des „Freigeborenen" verbunden. Auf dieses Recht pochten alle späteren revolutionären Bewegungen, vor allem diejenigen aus der Zeit des englischen Bürgerkriegs, der als die Englische Revolution in die Geschichte eingegangen ist. Unter Cromwells Anhängern gab es neben den moderaten Independenten auch revolutionäre Gruppen wie die radikaldemokratischen *levellers* (‚Gleichmacher') und die frühkommunistischen *diggers* (‚Landumgräber'), so benannt, weil sie durch Umgraben symbolisch das Gemeindeland in Besitz nahmen, von dem das Volk durch die Einhegungen seitens der Großgrundbesitzer vertrieben worden war. Die Englische Revolution endete zwar 1660 mit der Restauration der Monarchie, aber schon 28 Jahre später kam es zur Glorreichen Revolution, die auf unblutige Weise Jakob II. vom Thron jagte. Im Jahr darauf unterschrieb sein Nachfolger Wilhelm von Oranien die Bill of Rights, worin die Krone auf alle Prärogativrechte verzichtete. Damit war England genau 100 Jahre vor Frankreich und 87 Jahre vor den Vereinigten Staaten von Amerika für die westliche Welt zum Inbegriff bürgerlicher Freiheit geworden. Dieses Bild bekam Flecken, als nach dem Fall der Bastille der französische Adel sich auf die Britische Insel flüchtete und England aus Angst davor, daß der Funke überspringen könnte, die Freiheitsrechte seiner Bürger drastisch beschnitt. Doch nach dem Sieg über Napoleon konnte die Regierung ihre reformfeindliche Politik nur noch bis 1832 durchhalten. Dann mußte sie mit der First Reform Bill den ersten Schritt zur Liberalisierung tun, dem noch im selben Jahrhundert zwei weitere große Reformgesetze von Verfassungsrang und eine Fülle von Einzelreformen folgten.

Daß in England das bürgerliche Freiheitsbewußtsein so früh aufkeimte, rührte zunächst einmal daher, daß ein durch die Insellage nach außen geschütztes Volk sich mehr Freiheit leisten konnte als andere Völker, deren Grenzen ständig bedroht waren. In England gab es dafür aber noch andere Gründe. Wie wir später noch zeigen werden, hatte sich hier dank einer glücklichen politischen Weichenstellung bereits im Mittelalter eine zunehmend stärker werdende Mittelschicht ausgebildet, die im Parlament durch das Unterhaus vertreten wurde und dort ihre Rechte einzufordern verstand. Dies erklärt jedoch nur das Freiheitsverlangen, nicht aber das verinnerlichte Bewußtsein eines angeborenen Freiheitsrechts. Die Erklärung hierfür liegt in einem Umstand, den es in Europa nur in England gab. Wären die Normannen im Jahre 1066 in so großer Zahl in Großbritannien eingedrungen, daß sie die angelsächsische Gesellschaft des eroberten Landes vollständig überlagert hätten, dann hätten alle nachfolgenden Generationen die Schlacht bei Hastings wohl als die Geburtsstunde ihrer Nation empfunden, und das von Wilhelm dem Eroberer errichtete Feudalsystem wäre zur Zeit der Ausbildung des Nationalbewußtseins Gegenstand der Identifikation für die Masse des Volkes geworden. Die Normannen waren aber nur eine kleine Herrenschicht, die zwar durch Erbfolge die hochrangigen Machtpositionen behielt, ansonsten aber schon bald mit der angelsächsischen Mehrheit zu einem neuen Volk, dem der heutigen Engländer, verschmolz. Die ideologische Interessenlage beider Bevölkerungsteile traf sich in einem Mythos, der seit dem 12. Jahrhundert immer beliebter wurde, der Sagenwelt des König Artus. In ihr erkannten die Normannen ihr Ritterideal und ihre Reichsidee, während die Engländer in den vor-angelsächsischen Briten ihr eigenes Schicksal als unterjochtes Volk vor Augen hatten, und zwar in nostalgischer Verklärung, so daß sie sich nicht daran zu erinnern brauchten, daß ihre eigenen Vorväter einstmals die Unterdrükker waren. Nach der vollständigen Verschmelzung der Normannen mit dem englischen Volk begann sich dann die Vorstellung vom „normannischen Joch" auszubilden, das zum Symbol der feudalen Herrschaft und des damit verbundenen Systems von hierarchischer Abhängigkeit und Hörigkeit wurde. Und auch diese Vorstellung kristallisierte sich um einen Mythos, nämlich den von Robin Hood, dem noch heute populären volkstümlichen Freiheitshelden, der wie kein anderer das Grundgefühl des freigeborenen Engländers verkörpert.

Je mehr das normannische Joch zum Inbegriff von Unfreiheit wurde, um so mehr sahen die Engländer jenseits von 1066 die

Welt einer verlorengegangenen und wieder zu erringenden Freiheit. Dieser Rückbezug auf die angelsächsische Freiheit wurde noch dadurch gefördert, daß das gesamte englische Rechtssystem auf dem alten Common Law, dem ungeschriebenen Gewohnheitsrecht, beruhte, das Wilhelm unverändert übernommen hatte. Das Charakteristische an diesem frühen Begriff von Bürgerfreiheit ist, daß er fast immer im Plural gebraucht wurde. Es ging um ganz bestimmte, definierte Freiheiten, um *libertates* bzw. *liberties*, die einem Individuum oder einer Kommune durch den König in einem Dokument, zum Beispiel einem Stadtbrief, zugestanden wurden. Auch in den nachfolgenden Jahrhunderten wird man in England kaum jemals auf einen allgemeinen abstrakten Freiheitsbegriff im Sinne eines Grundrechts stoßen. Es sind immer nur bestimmte, meist schon früher verbriefte „Freiheiten", die eingefordert werden. Will man die „englische Freiheit" verstehen, dann muß man sich zuallererst einmal klarmachen, daß sie nicht aus dem Denken der Aufklärung, sondern aus einer viel älteren nationalen Tradition gespeist wurde. Auch später ist in England selten von Grundrechten die Rede. Als der große John Milton im 17. Jahrhundert wortgewaltig für die Presse- und Religionsfreiheit stritt, begründete er seine Forderungen teils politisch-pragmatisch, teils historisch durch Berufung auf Autoritäten der Renaissance und der Antike, aber er berief sich nicht auf ein allgemeines Menschenrecht. Deshalb war es für ihn kein Widerspruch, wenn er religiöse Toleranz forderte, aber die Katholiken davon ausschloß. Milton ist die Zentralfigur einer von Francis Bacon bis zu John Locke reichenden Epoche, die man als englische Frühaufklärung bezeichnen könnte, eine Aufklärung, die gut hundert Jahre vor der kontinentaleuropäischen einsetzte. Das Charakteristische an dieser englischen Aufklärung ist, daß sie weder allgemeine Menschenrechte postulierte, noch universalistische Wahrheitskriterien aufstellte. Sie orientierte sich am historisch gewachsenen Recht, an der Evidenz des gesunden Menschenverstands und pragmatisch am Prinzip der Zweckmäßigkeit.

Zur Geschichte der englischen Freiheit gehört aber auch ihre Schattenseite, so vor allem das hohe Maß an Ungerechtigkeit und Korruption, das besonders in jenem Jahrhundert vorherrschte, in dem sich die freiheitlich-bürgerliche Gesellschaft voll ausbildete: im 18. Damals galt ein öffentliches Amt als Freibrief zur persönlichen Bereicherung. Parlamentssitze wurden gekauft, Abgeordnete unter Druck gesetzt oder massiv bestochen, und kaum jemand nahm Anstoß daran. Die Käuflichkeit von allem und jedem war das heimliche Credo, das Robert Walpole, der erste Premierminister, sogar offen aussprach. Nicht nur Schwerverbrecher, sondern kleine Diebe und sogar Kinder wurden wegen Bagatellvergehen gehenkt, und das Volk zog zum Richtplatz wie zu einem sportlichen Ereignis. Der Zynismus ging so weit, daß stadtbekannte Verbrecher ihre Hinrichtung als ihren letzten großen Auftritt inszenierten, indem sie eine Rede einstudierten und sie in Festgarderobe unter dem Galgen vortrugen. Die Zahl der Hinrichtungen war enorm, und die Formen der Exekution waren von äußerster Grausamkeit. Dies war nicht etwa Ausdruck eines repressiven Terrorregimes, sondern im Gegenteil die hilflose Reaktion eines liberalen Staates, der sich mit drakonischen Strafen gegen das Verbrechen zu wehren versuchte. Da es noch keine organisierte Polizei gab und selbst nach der Verhaftung weit über die Hälfte aller Angeklagten durch irgendein Schlupfloch des Gesetzes wieder entwischte, vertraute man ganz auf die abschreckende Wirkung der Strafe. So kam es, daß kontinentale Besucher, die die fortschrittliche Liberalität der Engländer rühmten, immer zugleich auch entsetzt waren angesichts der Grausamkeit ihrer Strafgesetze und der zynischen Sensationslust des Londoner Pöbels. Eine andere Schattenseite der frühen Freisetzung des Bürgers war das Aufkommen einer Klasse von Armen, für die die Leibeigenschaft bei aller Unfreiheit ein materieller Schutz gewesen war. Dieser Schutz war ihnen nach der Auflösung des Feudalismus genommen, doch volle Freizügigkeit blieb ihnen verwehrt, weil dies zu gewaltigen Armutswanderungen geführt hätte. So mußte jahrhundertelang im Lande der frühen Bürgerfreiheit die Freiheit der Unterschicht durch harsche Armengesetze eingeschränkt werden. Selbst im 19. Jahrhundert lag noch ein Schandfleck auf dem Schild der englischen Freiheit, nämlich das Rechtsinstitut der Schuldhaft. Noch Dickens mußte erleben, daß sein Vater auf Betreiben seiner Gläubiger ins Schuldgefängnis gehen mußte. Erst 1842 wurde Londons letztes Gefängnis dieser Art geschlossen. Daß im Lande der Freiheit ein Mensch um einer Geldforderung willen seiner Freiheit beraubt werden konnte, ist oft als Beweis für den Materialismus der Engländer angeführt worden.

6. Individualismus

Nicht weniger typisch als das Freiheitsstreben, und mit diesem untrennbar verknüpft, ist der englische Individualismus. Man wird sogleich an seine wohl auffälligste Form denken, an die schon früher erwähnte Exzentrizität, die in England wie ein nationales Ritual kultiviert wird. Immer wieder gehen Bilder durch die Presse wie dieses, das im Juli 1993 zur Füllung des Sommerlochs bemüht wurde: Die Offiziere eines Schiffs der königlichen Marine marschieren in Uniform durch die Stadt und

Abb. 7: „My home is my castle“, und sei es nur ein Regenschirm.

ziehen an Leinen ihre Spielzeugtiere aus Blech und Plastik hinter sich her. Exzentrizität wird von den Engländern so sehr als nationale Eigenschaft empfunden, daß jede Familie, die einen schrulligen Onkel oder eine spinnerte Tante hat, stolz auf das schwarze Schaf ist, während in anderen Ländern die Familien es eher zu verleugnen suchen. Durch die englische Geschichte zieht sich eine schier endlose Prozession von Exzentrikern; und auf manchem Friedhof wird man durch einen skurrilen Grabspruch an eine exzentrische Person erinnert, von der die Geschichte sonst nichts zu vermelden weiß. Für das englische Interesse am Individuum spricht auch die reiche Fülle an biographischer Literatur. Selbst Gestalten der deutschen Geschichte fanden zuweilen mehr Biographen in England als im eigenen Land. Offensichtlich ziehen Engländer es vor, die individuellen Subjekte der Geschichte kennenzulernen anstelle der abstrakten Dynamik ganzer Epochen.

Weitere Indizien für ausgeprägten Individualismus finden sich in allen Bereichen der englischen Kultur. In der Philosophie liegt er dem typisch englischen Empirismus zugrunde, der als Wahrheitsaussage nur gelten läßt, was sich auf einzelne Sinneswahrnehmungen stützt. Im Rechtswesen zeigt er sich im Prinzip des *case law*, welches besagt, daß jeder Fall als Einzelfall zu behandeln ist. Ein Buch des englischen Historikers Alan Macfarlane trägt den Titel *The Origins of English Individualism* (1978). Darin geht es weder um Persönlichkeitsentfaltung noch um englische Exzentrizität. Statt dessen werden die Grundbesitzverhältnisse vom Spätmittelalter bis zur frühen Neuzeit untersucht. Der Autor weist nach, daß England früher als andere europäische Länder eine individualisierte Form des Grundbesitzes kannte. Aus dieser frühen Form von Privatwirtschaft entwickelte sich – früher als im übrigen Europa – die kapitalistische Marktwirtschaft, für die Adam Smith 1776 die Theorie entwarf. Allerdings war er kein Engländer, sondern ein Schotte, weshalb mancher seine Theorie mit dem schottischen Hang zur Sparsamkeit in Verbindung bringen mag. Doch in seinem Denken stand Adam Smith ohne Zweifel in einer von England herkommenden gesamtbritischen Tradition. So wie John Locke in seiner

Staats- und Gesellschaftslehre von den Interessen des individuellen Rechtssubjekts ausging, orientierte sich Adam Smith in seiner Wirtschaftstheorie an den Interessen des individuellen, nach Gewinn strebenden Wirtschaftssubjekts.

Noch heute scheint es so, als hätten die Rechte des Individuums in der englischen Ideologie ein größeres Gewicht als anderswo. So sträuben sich die Engländer hartnäckig gegen die Einführung eines Wahlrechts, das den Parteien entsprechend ihrem prozentualen Stimmenanteil eine bestimmte Anzahl von Parlamentssitzen zuerkennt, die nach der Reihenfolge auf den Parteilisten vergeben werden. Statt dessen halten sie fest am Mehrheitswahlrecht, obwohl jeder weiß, daß dadurch der Fall eintreten kann und auch schon eingetreten ist, daß die Partei mit den meisten Wählerstimmen dennoch weniger Parlamentssitze erhält. Die Entindividualisierung der Wahl ist ihnen nicht geheuer. Sie wollen, daß jeder Wahlkreis durch einen individuellen Abgeordneten vertreten wird, und sie erwarten von dem Gewählten, daß er sich als Person für den ganzen Wahlkreis verantwortlich fühlt, selbst wenn er nur von 35 Prozent tatsächlich gewählt wurde. Im 19. Jahrhundert, als Bismarck in Deutschland die Sozialversicherung der Arbeiter einführte, die in der ganzen Welt als mustergültig angesehen wurde, lag England auf diesem Felde weit zurück. Die herrschende Meinung war dort, daß jeder gesunde Arbeiter aus eigener Kraft für sein Alter und für die Sicherung im Krankheitsfalle zu sorgen habe. Nur in solchen Fällen, in denen der einzelne schuldlos dazu außerstande war, sollte die Allgemeinheit einspringen. Dafür aber gab es in England traditionell eine viel umfangreichere private Wohltätigkeit als in Deutschland. Dem bedürftigen einzelnen mußte geholfen werden. Eine abstrakte Verpflichtung der Unternehmer oder des Staates gegenüber den Arbeitern lehnte man ab. Dieser uralte, historisch gewachsene englische Individualismus hat auf der positiven Seite dazu geführt, daß die Engländer wie kaum ein anderes Volk immun zu sein scheinen gegenüber der Verführung durch totalitäre Ideologien. Sie haben schon im Mittelalter das dogmatische Korsett des Katholizismus für sich beträchtlich gelockert. Sie haben sich nach der Reformation zu einer sehr weitherzigen Staatskirche bekannt. Und im 19. Jahrhundert haben englische Sozialisten den Marxismus in London zwar direkt vom Meister empfangen, aber sie haben ihn nie als Ideologie akzeptiert, sondern nur als ein politisches Programm. Obwohl es auch in England – und das sogar angesichts der Bedrohung durch Hitler – einige tausend faschistische Wirrköpfe gab, die hinter ihrem Führer Mosley hermarschierten, ist es dennoch kaum vorstellbar, daß eine größere Anzahl von Engländern jemals vor diesem Leithammel die Hand gehoben und Heil Mosley geschrien hätte.

Der englische Individualismus hat die gleichen historischen Ursachen wie das Freiheitsdenken. Eine Reihe glücklicher historischer Umstände hatte den Engländern die frühe Ausbildung einer selbstbewußten Mittelschicht beschert, die sich lange vor dem übrigen Europa aus den Fesseln des Feudalismus befreite und ein Wirtschaftssystem entwickelte, das vom Erwerbsstreben jedes einzelnen bestimmt wurde. So war es psychologisch folgerichtig, daß sich vor allem diese Mittelschicht nach der Reformation dem Kalvinismus zuwandte, also jener Variante des Protestantismus, die dem Individuum den größten Freiraum und damit die größte Verantwortung zuwies. Daß Engländer schon damals ihre Kinder sehr früh zur Unabhängigkeit erzogen, geht aus zahlreichen Reiseberichten kontinentaler Besucher hervor, die mit Erstaunen und oft mit Verständnislosigkeit beobachteten, wie englische Familien von der Mittelschicht aufwärts ihre Kinder schon lange vor der Pubertät zur Ausbildung in fremde Hände gaben, entweder in ein Internat oder zu einem Meister in die Lehre. Schon hier zeichnete sich jenes Erziehungsideal ab, das dann im 19. Jahrhundert in den Public Schools zu einem Wesensmerkmal der englischen Gesellschaft wurde. Sein Ziel war es, selbständige Individuen heranzuziehen, die schon früh mit der schutzlosen Situation außerhalb der Familie fertig wurden. Daß dies nicht immer gelang, zeigt sich am Aufkommen eines Gemütsleidens, das in Europa allgemein als eine englische Krankheit empfunden wurde, der Melancholie. Auf diese Schattenseite des englischen Individualismus werden wir später noch näher eingehen. Wie tief den Engländern ihr historisch gewachsener Individualismus im Blut sitzt, zeigt sich am deutlichsten in der Tatsache, daß jeder, der es sich leisten kann, in einem Einfamilienhaus wohnt. Selbst die meisten Sozialwohnungen sind Einfamilienhäuser; denn das Credo „my home is my castle" gilt nicht nur für die Reichen, sondern für jeden „freigeborenen" Engländer.

7. Rationalität

Der Mensch ist ein vernunftbegabtes Wesen. Aber schon die alten Griechen unterschieden innerhalb der allgemeinen Geisteskraft eine Vielfalt von spezielleren Fähigkeiten. Seitdem ist es üblich, Geist, Vernunft, Verstand, Gemüt und Seele besonders zu definieren, wobei der Grad der Rationalität bei den einzelnen „Seelenvermögen", wie Kant sie zu nennen pflegte, sehr verschieden eingeschätzt wird. Unter den genannten gelten einige als besonders charakteristisch für bestimmte Nationen. Französischer Esprit, deutsches Gemüt und die russische Seele sind sprichwörtliche Ausprägungen nationaler Selbstidentifikationen. Das englische Gegenstück heißt *Common sense*. Schon die Tatsache, daß wir im Deutschen meist das englische Wort dafür gebrauchen, zeigt an, daß es sich hier um ein typisch englisches Phänomen handeln muß. Nicht erst seit der sogenannten Schottischen Schule im 18. Jahrhundert, die den Common sense als die einzige Erkenntnisquelle definierte, gilt Großbritannien als die Bastion des gesunden Menschenverstands. Schon lange vorher läßt sich dort ein Grundzug aufgeklärter Vernünftigkeit beobachten, der im englischen Empirismus seine philosophische Ausprägung fand. Man versteht darunter eine erkenntnistheoretische Position, die keine andere Erkenntnis gelten läßt als solche, die durch Erfahrung gewonnen wurde. Das Fundament des Empirismus wurde von John Locke gelegt. Sein Gegenpol war Descartes, der meinte, daß es in der menschlichen Vernunft angeborene Ideen gebe, aus denen sich mathematisch folgerichtig Wahrheitsaussagen ableiten ließen. Damit gab Descartes der Vernunft einen metaphysischen Status, den sie bei Locke nicht hat. Aus der cartesianischen Grundannahme entwickelte sich der kontinentale Rationalismus, der außer von Descartes selbst und seinen unmittelbaren Nachfolgern vor allem von Spinoza und Leibniz vertreten wurde. Das Charakteristische an ihm ist seine hierarchische Denkstruktur. Er geht von unmittelbaren Evidenzen, eben den angeborenen Ideen, aus und leitet von diesen *more geometrico*, nach Art mathematischer Beweise, deduktiv Erkenntnis ab. Es ist leicht zu sehen, daß die so gewonnenen, gewissermaßen von der Spitze her entwickelten Erkenntnispyramiden das Spiegelbild der politischen und sozialen Hierarchie sind, die den Absolutismus charakterisierte. So wie Ludwig XIV. mit dem Satz *l'État c'est moi* die Spitze festlegte, aus der alle weitere Gesetzgebung sich nach unten pyramidenförmig ableitete, so bestimmte Descartes mit dem Satz *cogito ergo sum* (,ich denke, also bin ich') die Spitze einer Erkenntnispyramide, aus der sich weitere Wahrheitsaussagen deduktiv folgern ließen. Die Übereinstimmung zwischen der politischen Struktur des Absolutismus und der Denkstruktur des Rationalismus ist so offensichtlich, daß es niemanden wundern kann, daß der Rationalismus just in den absolutistischen Staaten und dort gerade zur Blütezeit dieses Systems die herrschende Philosophie war. Und es wird auch niemanden wundern, daß aus eben diesem Grunde der cartesianische Rationalismus aus englischer Sicht bekämpft werden mußte. Die empiristische Rationalität der Engländer ist demnach etwas ganz anderes als der metaphysisch begründete kontinentale Rationalismus.

Auf den britischen Inseln hatte es nur im frühen 17. Jahrhundert unter Karl I. den kurzen Versuch gegeben, ein absolutistisches System zu etablieren. Doch das Parlament war längst zu stark geworden, um dies zu tolerieren, und so blieb es bei diesem einzigen Versuch, den Karl mit seinem Kopf bezahlen mußte. Das englische Herrschaftssystem beruhte schon damals nicht mehr auf Macht, die sich deduktiv aus ihrer Spitze ableitete, es stützte sich vielmehr auf die im Parlament empirisch gewonnene Erkenntnis eines politischen Willens, der sicher noch nicht der des Volkes war, aber dennoch im Namen des Volkes sprach. Die empiristische Philosophie der Engländer ist ein getreues

Abbild dieser politischen Struktur. Obwohl auch im damaligen England das Machtgefüge und die Gesellschaft hierarchisch strukturiert waren (und es bis heute sind), hatte sich bereits eine Legitimationsstruktur ausgebildet, die nicht wie in den absolutistischen Staaten von oben nach unten, sondern von unten nach oben ausgerichtet war, wobei zur Vermeidung von Mißverständnissen noch einmal betont sei, daß mit ‚unten' nicht das gemeine Volk gemeint ist, sondern jene Volksvertreter, die sich die Gemeinen nannten, nämlich die *Commons.*

Diese Struktur spiegelt sich in Lockes Deutung des Erkenntnisprozesses wider. Er meinte, daß jeder Mensch als *tabula rasa* auf die Welt komme und daß diese leere Schrifttafel erst durch Erfahrung mit Erkenntnis gefüllt werde. Vermittelt werde die Erfahrung dem Bewußtsein ausschließlich durch die sinnliche Wahrnehmung. Wahrheitserkenntnis sei weder durch spekulative Metaphysik noch durch mystische Versenkung möglich, sondern nur durch die Sinne. Dies ist bis heute die in England vorherrschende Erkenntnistheorie geblieben. Dabei blieb der Empirismus keineswegs auf die Philosophie beschränkt. Das gleiche Erkenntnismuster läßt sich auch im bürgerlichen Roman beobachten, dessen Geburtsstätte nicht zufällig das England des 18. Jahrhunderts war. In Henry Fieldings *Tom Jones* tritt der Held als Findelkind, also als *tabula rasa*, in die Welt und sammelt im Verlauf der Romanhandlung Erfahrungen, durch die er zu einem vollwertigen Mitglied der menschlichen Gesellschaft ausgebildet wird. Das empiristische Schema liegt nahezu der gesamten englischen Literatur zugrunde. Man wird in ihr vergeblich nach dem Denkmodell des klassischen deutschen Bildungsromans suchen, wonach im Menschen von Geburt an keimhaft eine Entelechie angelegt ist, die sich organisch zu einer einmaligen, unverwechselbaren Persönlichkeit ausbildet.

Das bisher Gesagte läßt es als plausibel erscheinen, daß Locke das geistige Gegenstück zu dem geliefert hat, was auf politischem Felde die Glorreiche Revolution bewirkte. Wie aber diese Revolution nur der krönende Abschluß der sich über Jahrhunderte hinziehenden Emanzipation des Parlaments war, so ist auch Lockes Grundlegung des Empirismus nur die erste vollständige Systematisierung einer Denkform, die fast so alt ist wie das Parlament und genauso typisch englisch. Schon im Spätmittelalter waren englische Philosophen vom vorgeschriebenen Pfad der thomistischen Lehre abgewichen. Im berühmt-berüchtigten Universalienstreit der Scholastik hatte sich auf dem Kontinent die Position durchgesetzt, die als Realismus bezeichnet wurde. Sie behauptete, daß die Allgemeinbegriffe keine bloßen Namen seien, die auf etwas Invariantes in einer bestimmten Klasse von Individuen hinweisen, sondern Wesenheiten von eigener Realität. Heute würden wir diese Art von Realismus eher als Idealismus bezeichnen, da er für etwas Realität beansprucht, was nach unserer Vorstellung eine Idee ist. Die englischen Scholastiker aber, deren Hochburg Oxford war, bekannten sich zu der viel moderneren nominalistischen Position, die behauptete, daß die Allgemeinbegriffe nur Namen seien, denen keine eigene Realität zukomme. Real seien nur die individuellen Dinge. Dieser sogenannte Nominalismus ist bereits eine frühe Form des Empirismus. In der Tat vertraten die drei Hauptphilosophen der englischen Scholastik Ansichten, die für ihre Zeit außerordentlich modern waren. Roger Bacon nahm mit der Forderung nach experimenteller Naturbeobachtung bereits vieles von dem voraus, was 350 Jahre später sein Namensvetter Francis Bacon zum Programm der neuzeitlichen Naturwissenschaft erklärte. Wilhelm von Ockham löste die Philosophie von der Theologie, indem er für sie einen eigenen Wahrheitsbegriff definierte. Und der Schotte Duns Scotus, der allerdings kein Nominalist war, begründete eine Metaphysik, die von einem radikalisierten Begriff des Individuationsprinzips ausging. Diese drei Briten waren als geistige Pioniere ihrer Zeit weit voraus, was die beiden ersten zeitweilig mit kirchlicher Ächtung, mit Haft und Publikationsverbot büßen mußten. Allerdings war England in der glücklichen Lage, weit weg von Rom zu sein, so daß sich seine Intellektuellen erheblich mehr Freiheiten herausnehmen konnten als ihre Kollegen in Bologna, Paris oder Köln, die dem päpstlichen Zugriff sehr viel näher standen.

Von Roger Bacon über Francis Bacon, Hobbes, Locke und Hume ist der Empirismus bis in die Gegenwart hinein ein

Grundzug des englischen Denkens geblieben. Auch dies würde in unser vorhergehendes Erklärungsmuster passen. Roger Bacon war ein Jahr vor der Magna Charta geboren worden, und er starb ein Jahr vor dem *model parliament* Eduards I. Seine Hauptschaffenszeit begann in der Mitte des Jahrhunderts, also genau in der Zeit, in der Simon de Montfort als Anführer der Barone gegen den König zu Felde zog und in Oxford ein erstes Parlament mit politischer und legislativer Funktion errichtete, dem allerdings nur eine Dauer von sieben Jahren beschieden war. Dreißig Jahre später wurde dann aber das Parlament ins Leben gerufen, das in vielfach gewandelter Form bis auf den heutigen Tag fortlebte. Der englische Empirismus begleitete also die Geschichte des Parlaments in so auffälliger Weise, daß unsere oben behauptete Homologie zwischen der Struktur des Denkens und der des politischen Systems noch mehr an Plausibilität gewinnt. Die Dominanz des empiristischen Denkens bewirkte, daß zwei Denkformen in England kaum oder gar nicht ausgebildet wurden, die zum Beispiel in Deutschland eine beherrschende Rolle spielten: die Mystik und die spekulative Metaphysik. Zwar weist auch die englische Geistesgeschichte einige Mystiker auf, aber weder im Spätmittelalter noch im Barock gab es Gestalten, die mit Meister Eckart, Seuse, Thomas a Kempis oder mit Jakob Böhme vergleichbar wären. Der Strom der deutschen Mystik ist, wie es scheint, nach dem Barock wie die Donau zeitweilig versickert, um nach der Aufklärung mit verjüngter Kraft in Gestalt des spekulativen Idealismus neu ans Licht zu brechen. Diese Form des Denkens konnte in England noch weniger Fuß fassen als die Mystik, wie wir in einem späteren Kapitel noch zeigen werden.

Damit stellt sich die Frage, weshalb England so hartnäckig am Common sense festgehalten und sich ebenso hartnäckig gegen Spekulation und mystische Totalitätsschau gesträubt hat. Sind Engländer von Natur aus nüchterner, vernünftiger und weniger anfällig für die Faszination metaphysischer Totalentwürfe? Der Grund dürfte auch hier in den materiellen Bedingungen des gesellschaftlichen Lebens zu suchen sein. Es gab auf den britischen Inseln etwas, das schon sehr früh die Weichen in Richtung auf zunehmende Rationalität gestellt hatte, und zwar die Schafzucht. Das mag zunächst sonderbar klingen, läßt sich aber leicht begründen. Reine Ackerbauern, deren Wohl und Wehe von den Zufälligkeiten des Wetters abhängt, werden immer zu irrationalen Weltbildern tendieren. Wenn ein einziger Frost die gesamte Aussaat vernichten und ein einziger Hagelsturm die gesamte Ernte zerschlagen kann, werden solche Ackerbauern dazu neigen, die Naturmächte durch magische Rituale gnädig zu stimmen. Selbst wenn sie keinerlei Wetterschäden zu befürchten hätten, wären Ackerbauern immer noch zu einer irrationalen Einstellung prädisponiert. Sie sind in den Zyklus der Natur eingebunden und können aus ihm nicht ausbrechen. Es gibt kaum eine Möglichkeit, den Ackerbau rational zu beherrschen; denn wenn die Erträge steigen, sinken die Preise, und eine Rekordernte erweist sich ökonomisch als genauso fatal wie eine Mißernte. Ganz anders in der Schafzucht. Sie ist zu hoher Rationalität prädestiniert. Wolle läßt sich beliebig lange lagern, so daß man mit ihr spekulieren kann. Schafe vermehren sich bei ausreichender Weidefläche nach einer natürlichen Exponential-Funktion, d.h. wie Zins und Zinseszins. Des weiteren ist Wolle ein Halbfertigprodukt, das die Wirtschaftsgemeinschaft dazu herausfordert, Produktionsstätten und Fertigungsmethoden für die Weiterverarbeitung zu entwickeln. Eine Gesellschaft, die diese Herausforderung annimmt und auf sie kreativ reagiert, wird nahezu automatisch ein hohes Maß an Rationalität entfalten.

Auch wenn es fast wie Ironie klingt, spricht vieles dafür, daß England seine früh einsetzende und auf hohem Niveau sich ungebrochen fortsetzende Tradition von Rationalität zumindest teilweise dem angeblich so dummen Schaf verdankt. Alfred Weber, der Begründer der Kultursoziologie, hat in seinem Buch *Das Tragische und die Geschichte* die These aufgestellt, daß sich über die chthonisch irrationalen Ackerbaukulturen des Mittelmeers die rationale Kultur der aus Zentralasien kommenden Viehzüchter gelagert habe und daß Seefahrer im soziologischen Habitus den Viehzüchtern gleich seien. Englands kulturelle Geschichte scheint dies vollauf zu bestätigen. Wenn dieser

Zusammenhang so richtig gedeutet ist, dann zeigt sich die These von Alfred Webers Bruder Max, wonach der Kapitalismus seine Rationalität vor allem der protestantischen Wirtschaftsethik verdanke, in neuem Lichte. Man müßte die Kausalität dann eher andersherum deuten, nämlich so, daß die Engländer – genauer gesagt, ihre ökonomisch fortschrittliche Mittelschicht – den rationaleren Puritanismus eben deshalb annahmen, weil sie bereits eine stark rationale Wirtschaftsform hatten. Diese These wird dadurch gestützt, daß auch die andere große Seehandelsmacht, die Niederlande, zum Kalvinismus neigte.

8. Kompromißbereitschaft

„The Land of Compromise" überschrieb der Amerikaner Price Collier ein Kapitel seines 1909 erschienenen Buches *England and the English.* Darin legte er dar, wie die Engländer die in Politik und Wirtschaft auftretenden Spannungen immer wieder geschickt durch einen Kompromiß zu lösen verstanden. Allerdings klingt in seiner kritischen, wenn auch überwiegend positiven Analyse ein wenig der Verdacht durch, daß sich in dem Kompromißlerischen ein Schuß Heuchelei und Pharisäertum verbergen könnte. Dieses zwiespältige Urteil ist immer wieder in der Literatur über England und die Engländer anzutreffen. Sehr scharf geht die Französin Odette Keun in *I Discover the English* (1937) mit dem englischen Kompromißlertum ins Gericht. Sie geißelt die Unentschiedenheit und Halbherzigkeit, die sie dahinter sieht. Man muß dabei aber in Rechnung stellen, daß die Verfasserin schon etwas befürchtete, was ein Jahr später beim Münchener Abkommen eintreten sollte, nämlich daß sich die englische Regierung mit ihrer unentschiedenen Appeasement-Politik von Hitler würde übertölpeln lassen.

Ein *sense of compromise* wird den Engländern von fast allen Beobachtern attestiert. Historische Belege dafür gibt es zuhauf. Schon daß die englische Geschichte über fast ein Jahrtausend ohne tiefe Brüche verlief, wird man sich nur so erklären können, daß die in jedem historischen Prozeß unvermeidlich auftretenden Spannungen immer wieder kurz vor dem Bruch durch einen Kompromiß gelöst wurden. Fast alle Reformmaßnahmen englischer Regierungen tragen den Charakter des Halbherzigen, aber sie wurden nach langer Verschleppung dann doch immer noch gerade rechtzeitig und in ausreichendem Umfang durchgesetzt, um einen gewaltsamen Bruch oder Umsturz zu vermeiden. Die unübertroffene Meisterin des Kompromisses war Elisabeth I. Sie verstand es, den Hochadel dadurch in Schach zu halten, daß sie den Commons im Unterhaus gerade so weit entgegenkam, wie es nötig war, um ein Gleichgewicht mit dem Oberhaus herzustellen. Noch größer war ihre Leistung bei der Wiederherstellung des religiösen Friedens nach dem dreifachen Wechsel von Reformation, gewaltsamer Rekatholisierung und erneuter Rückkehr zum Protestantismus. Hier gelang ihr einer der säkularen Kompromisse der englischen Geschichte, indem sie zwar an der Suprematsakte festhielt und die Krone als Oberhaupt der Kirche bestätigte, ansonsten aber auf dogmatischem Gebiet die anglikanische Kirche so nahe an ihrer katholischen Mutter ließ, daß den Gläubigen innere Konflikte weitgehend erspart blieben. Die anglikanische Kirche blieb seitdem das erfolgreichste Beispiel des typisch englischen *sense of compromise*.

Ein weiteres historisches Beispiel kam zu Beginn des 18. Jahrhunderts hinzu. Um Frankreich nicht zu stark werden zu lassen, hatte England auf der Seite Habsburgs in den spanischen Erbfolgekrieg eingegriffen und durch seinen Feldherrn Marlborough einige ruhmreiche Siege erkämpft. Als dann aber der Kaiser starb und der Habsburger Aspirant auf den spanischen Thron den Kaiserthron bestieg, gab England das Bündnis auf, da es nun das Wiedererstehen eines Habsburger Großreichs fürchten mußte. Da erschien der englischen Regierung ein französischer Prinz auf dem spanischen Thron als das kleinere Übel. Hier wurde zum erstenmal das vorgeführt, was danach das Grundprinzip der englischen Außenpolitik blieb: die berühmte Gleichgewichtspolitik. Ohne Rücksicht auf moralische Positionen spielte England seitdem das Zünglein an der Waage und sorgte durch immer wieder austarierte Kompromisse dafür, daß auf dem Kontinent kein Staat stark genug wurde, um England zu bedrohen. Ähnlich pragmatisch war die Innenpolitik. Als nach dem Scheitern der Cromwellschen Republik die Monarchie der Stuarts restauriert wurde, ließ man zwar diejenigen Anhänger Cromwells hinrichten, die unmittelbar am Königsmord Karls I. beteiligt waren, doch alle anderen kamen ungeschoren davon. Die vorher geflohenen königstreuen Adligen, die unter Zwang ihren Besitz verkauft hatten oder enteignet worden waren, erhielten ihre Ländereien nicht zurück. Befriedung des Landes ging vor Gerechtigkeit. Nach dieser Devise verfuhren alle späteren Regierungen. Das Parlament selbst war die lebende Verkörperung des englischen *sense of compromise*; denn als Puffer zwischen den Herrschenden und den Beherrschten hatte es die wesentliche Funktion, durch immer neu gefundene Kompromisse den Interessenausgleich herzustellen. Selbst Englands Staatsform, die parlamentarisch-konstitutionelle Monarchie, ist ein Kompromiß. Im sozialen Gefüge hat die jahrhundertelang dominierende Gentry eine ähnliche Pufferfunktion zwischen der Ober- und Unterklasse. Man könnte sogar ohne allzu gewaltsame Vereinfachung behaupten, daß das gesamte englische Denken sich, wo immer dies möglich ist, am Prinzip des Kompromisses orientiert. Der bedeutende und zweifellos typisch englische Philosoph Herbert Spencer hat „trial and compromise" geradezu als das Fundamentalprinzip der Ethik definiert.

Engländer mögen keine summarischen Totallösungen, die etwas über das Knie eines Prinzips brechen. So bilden vierzig historisch gewachsene Colleges die Universität von Oxford, ohne daß man es je für nötig gehalten hätte, für diese Einheit mehr als eine pragmatische Organisationsstruktur zu schaffen. Je weiter allerdings das Kompromißlerische ins alltägliche Leben hineinwirkt, um so eher nimmt es Züge von Halbherzigkeit, Unentschlossenheit und ineffizienter Organisation an. Die Engländer sprechen dann nicht von *compromise*, sondern von *muddling through*. Das Durchwursteln empfinden sie selber als typisch englisch. In Krisenzeiten hat es sich oft als äußerst nützlich erwiesen. So hat sich England durch die jahrhundertelang geübte Praxis des Improvisierens und Durchlavierens in mancher prekären Situation des Zweiten Weltkriegs behauptet. In Friedenszeiten allerdings, wo das Land im ökonomischen Wettbewerb mit dem Rest der Welt steht, ist das *muddling through* äußerst hinderlich, zumal wenn der Konkurrent so effizient organisiert ist wie zum Beispiel die Japaner. Englands bewährte Kompromißfähigkeit wird das Land wohl auch weiterhin vor einem scharfen Bruch bewahren. Viele Kritiker, vor allem englische, fürchten aber, daß dies zu einer „weichen" Landung im Sumpf der Bedeutungslosigkeit führen wird. Margaret Thatcher hat mit ihrem kompromißlos harten Kurs eine durch und durch unenglische Politik betrieben und ist damit gescheitert. Ob es einen „englischeren" Weg aus der gegenwärtigen Misere gibt, bleibt abzuwarten.

9. Sinn fürs Praktische

Spötter behaupten, deutsch sein heiße, eine Sache um ihrer selbst willen tun. Der Satz geht auf eine Äußerung Richard Wagners zurück, der den Engländern das Gegenteil vorwarf, nämlich daß sie bei allem, was sie täten, nur den materiellen Nutzen im Auge hätten. Auch Napoleon hielt die Engländer für ein egoistisches Krämervolk. Dieses Etikett ist an den Briten bis heute haftengeblieben. Dabei war der Altruismus in der englischen Ethik eher stärker ausgeprägt als in der deutschen. Jeremy Bentham, der Begründer des Utilitarismus, definierte als oberstes Ziel der Politik und als höchstes Gut jeder praktischen Philosophie „das größte Glück der größten Zahl", ein Grundsatz, dem Hegel heftig widersprach. Bentham hatte die Formel von Francis Hutcheson übernommen, der sie bereits 1725 in einer Abhandlung „Über Gut und Böse" geprägt hatte. Hutcheson war ein Schüler des Grafen Shaftesbury, der zu Beginn des 18. Jahrhunderts die Ansicht propagiert hatte, daß dem Menschen ein altruistischer „moralischer Sinn" angeboren sei. Sein Widerpart war damals Bernard de Mandeville, der in seiner berühmten Bienenfabel die These vertrat, daß der Mensch von Natur aus egoistisch sei und daß die menschliche Gesellschaft am besten prosperiere, wenn jedes Individuum seinen egoistischen Interessen nachgehe. „Private Laster = öffentliche Tugenden", so lautete der Untertitel seiner Fabel. Die beiden „Schulen", die als *moral sense* beziehungsweise *selfish system school* in die Philosophiegeschichte eingegangen sind, befehdeten sich bis weit über die Mitte des Jahrhunderts. Dann brachte Adam Smith sie in seiner epochemachenden *Untersuchung über Natur und Ursachen des Volkswohlstands* (1776) zum Ausgleich. Smith, der die moderne Theorie der liberalen kapitalistischen Marktwirtschaft schuf und damit eigentlich Anhänger Mandevilles hätte sein müssen, war in Wirklichkeit ein Schüler Shaftesburys. Deshalb liegt seiner Theorie die quasi-religiöse Annahme zugrunde, daß eine „unsichtbare Hand" den Wirtschaftswettbewerb zum Nutzen aller lenke. Dieses Nützlichkeitsdenken, das über den Platoniker Shaftesbury bis in die Antike zurückreicht, setzte sich auf der anderen Seite über Bentham hinaus fort und wurde durch John Stuart Mill zur Philosophie des Utilitarismus ausgebaut. Es ist seitdem ein charakteristisches Merkmal der englischen Ethik geblieben.

Nicht nur im abstrakten Denken, sondern mehr noch im konkreten Handeln läßt sich im englischen Volk ein ausgeprägter Sinn fürs Praktische beobachten. Wenn, wie wir sagten, Rationalität und Kompromißfähigkeit Grundzüge des englischen Bewußtseins sind, dann ist es nur folgerichtig, daß sich diese Eigenschaften auch im praktischen Leben auswirken. Der frühe Aufstieg zur Handelsmacht, die Entscheidung für die gewinnträchtige Produktion von Wolltuchen als Massenware anstelle von hochwertigen, aber weniger wirtschaftlichen Produkten wie französischen Gobelins oder Brüsseler Spitzen – alles dies zeugt von einem nüchternen Sinn für das, was den größten Erfolg verspricht. Für die Puritaner war Erfolg ein entscheidendes Indiz, an dem sie glaubten ablesen zu können, ob sie zu den Erwählten gehörten. So trugen die asketischen und zur Wohltätigkeit verpflichteten Puritaner mit ihrem Denken nicht unwesentlich zur frühen Ausformung jenes praktischen Sinns bei, der den Engländern von Seiten ihrer politischen Gegner den Titel „Krämervolk“ einbrachte. Robert Walpole, der erste Premierminister des Vereinigten Königreichs, war überzeugt, daß jeder Mensch seinen Preis habe, und er zögerte nicht, sich seine Parlamentsmehrheit zu kaufen. Auch William Pitt, der Führer Englands im siegreich beendeten Siebenjährigen Krieg, hatte keine Bedenken, als Regierungschef an die Verbündeten die Subsidien zu zahlen, gegen die er kurz vorher in der Opposition noch heftig agitiert hatte. Ähnliche Beispiele von nüchternem Kalkül findet man in der englischen Geschichte auf Schritt und Tritt. Das hat den Engländern, zumal in neuerer Zeit, verächtliche Kommentare seitens ihrer Gegner und manchmal auch von unparteiischen Beobachtern eingebracht. Sie selbst aber sind mit diesem unsentimentalen Pragmatismus gut gefahren. Die Philosophie des Pragmatismus, die sich vom englischen Utilitarismus unterscheidet, wurde allerdings erst durch die Amerikaner begründet. Man darf vermuten, daß auch hier der Boden durch den Puritanismus bereitet wurde. Der Erfolg, der für den Utilitarismus noch als Mittel zum Zweck des Glücks angesehen wurde, ist für den Pragmatismus das Maß schlechthin. Die Utopie des englischen Utilitarismus war noch das Gentry-Ideal der Insel der Seligen; die Utopie des amerikanischen Pragmatismus ist die perfekte, sich permanent selbst reproduzierende und von Fortschritt zu Fortschritt voranschreitende moderne Gesellschaft.

10. Naturverbundenheit

Engländer gelten traditionell als besonders naturverbunden. Ihre Liebe zu Pferden und Hunden ist geradezu sprichwörtlich. Kein anderes Land zählt einen Maler, der kaum etwas anderes als Pferde gemalt hat, zu seinen größten: George Stubbs. Freilich waren Pferde ein Luxus der Oberklasse. Hunde hingegen konnte sich auch die untere Mittelschicht leisten, und auch sie wurden, wenngleich nur die der Reichen, von berühmten Malern verewigt. Wie das englische Vollblut zeugen auch viele Hunderassen weltweit vom englischen Bemühen um die Veredelung dieser beiden Haustierarten, wobei die Resultate bei den Hunden von manchen Kontinentaleuropäern zuweilen eher als Verschandelung empfunden werden. Aber gerade Rassen wie Bullterrier oder Bassetts, die vielen als deformiert erscheinen, gelten als typisch englisch und haben eben deshalb hohen Statuswert. Noch weit größeren Raum nimmt im englischen Seelenleben der Garten ein. Die Spezialabteilungen für Gartenliteratur in den Buchhandlungen zeugen von einer geradezu fanatischen Leidenschaft auf diesem Gebiet. Und auch hier haben englische Spezialisten die Artenvielfalt beträchtlich erweitert, von der Lady Banks-Rose bis hin zum James Grieve-Apfel. Eines der eindrucksvollsten Symbole englischer Naturliebe ist der im 18.Jahrhundert entstandene Landschaftsgarten, auf den wir später noch eingehen wollen.

Bis zurück ins frühe 18.Jahrhundert ist die englische Liebe zur Natur reichlich dokumentiert. Die im damaligen England entstehende neue Form der Landschaftsmalerei legt ein weiteres Zeugnis ab für das englische Naturgefühl, ebenso die zuerst in England aufkommende Form von Tourismus, die nicht mehr die Kunstzentren Europas oder die traditionellen Badeorte zum Ziel hatte, sondern das schottische Hochland, das nordenglische Seengebiet, die Hebriden und andere Naturschönheiten Europas. Wo immer es eine eindrucksvolle Naturlandschaft zu bewundern gab, waren englische Touristen zur Stelle, so wie heutzutage deutsche.

Vor 1700 sind die Dokumente für die englische Naturliebe spärlicher. In der Zeit der Restauration war auch die englische Kultur wie die kontinentaleuropäische weitgehend höfisch ausgerichtet, und Natur wurde vor allem als ein von Menschenhand zu veredelnder Rohstoff empfunden. Dennoch läßt sich auch in den früheren Jahrhunderten bis zurück ins frühe Mittelalter beobachten, daß Engländer offensichtlich eine freundlichere Einstellung zur Natur hatten als Kontinentaleuropäer. Bei Shakespeare und noch weiter zurück bei Chaucer finden wir realistische Naturdarstellungen, wie man sie in der kontinentaleuropäischen Dichtung vergeblich suchen wird. Noch weiter zurück liegen die grandiosen Naturbeschreibungen in den altenglischen

Elegien. Alles dies wird unterstützt durch Zeugnisse aus der bildenden Kunst, wo Tierdarstellungen und florale Ornamente weit verbreitet sind. Alles in allem wird man sagen dürfen, daß Engländer, von den ersten kulturellen Zeugnissen an, ein deutlich freundlicheres Verhältnis zur Natur hatten als Kontinentaleuropäer. Wie läßt sich das erklären?

Natur war für die Menschen bis ins 18. Jahrhundert hinein zuerst einmal ein Widerstand, den es zu überwinden galt, und obendrein eine Gefahrenquelle. Deshalb war die romantische Sicht der Natur als Sphäre der Unschuld und Reinheit erst möglich, nachdem die Unterwerfung der Natur abgeschlossen war. England war aus diesem Grunde besonders begünstigt. Als die Angeln und Sachsen im 5. Jahrhundert nach Großbritannien kamen, fanden sie dort ein schon weitgehend durchzivilisiertes Land vor. Es gab keine unüberwindlichen Flüsse und Gebirgsketten, Wölfe hatten sich in entlegene Gebiete zurückgezogen, und auch das gemäßigte Klima stellte keine Bedrohung dar. Der Widerstand der romanisierten und teilweise schon christianisierten Kelten muß gering gewesen sein, so daß die Besiedlung im Vergleich etwa zur deutschen Entwicklung jener Zeit relativ friedlich erfolgte. Ein weiterer Umstand trug zur Entwicklung einer naturfreundlichen Einstellung bei. Als gut hundert Jahre nach der ersten Einwanderungswelle von Rom aus über den Stützpunkt Canterbury die Rechristianisierung Großbritanniens betrieben wurde, ging das schnell und fast gewaltlos vonstatten, zumal gleichzeitig von Norden her irische Mönche ebenfalls missionierten. Die römische und die irische Kirche unterschieden sich in einigen wesentlichen Punkten ihrer Dogmen. Eine Zeitlang kam es zu gespannter Rivalität. Dann wurde der Streit auf der Synode von Whitby zugunsten Roms beigelegt. Damit war die Christianisierung praktisch abgeschlossen. Ein Zeichen für ihren friedlichen Verlauf ist bis heute erhalten geblieben, nämlich der englische Name für Mittwoch. Er lautet *wednesday*, also Wotanstag. Die Germanen hatten wie die Römer und Griechen die Wochentage nach den sieben Planeten benannt, die ihrerseits die Namen der Hauptgötter trugen. Damals wurden auch Sonne und Mond als Planeten angesehen. Wotan war in spätgermanischer Zeit der Hauptgott, den die in Deutschland missionierenden Abgesandten Roms mit allen Mitteln zu unterdrücken und aus dem Gedächtnis des Volkes auszulöschen versuchten. Deshalb ersetzten sie den Wotanstag durch den unverfänglichen Mittwoch. In England hatten die Missionare offensichtlich so wenig Widerstand zu überwinden, daß sie den Wotanstag getrost weiterbestehen lassen konnten. Noch ein anderer Wochentag wurde in Deutschland umbenannt, der Sonnabend, der bei den Römern Saturnstag hieß. Saturn war ein Fruchtbarkeitsgott, der vor allem im bäuerlichen Milieu Verehrung genoß. Ihm zu Ehren wurden um die Weihnachtszeit die Saturnalien gefeiert, zu deren derben Bräuchen auch sexuelle Ausschweifungen gehörten. Die romanisierten Germanen und Kelten hatten diesen Kult teilweise übernommen und den siebenten Wochentag nicht nach einem germanischen Gott benannt, sondern nach Saturn, wovon im Ostfriesischen noch der Name ‚Saterdag' erhalten geblieben ist. Auch diesen Rest von Heidentum haben die Missionare in Deutschland ausgemerzt, während sie es in England nicht für nötig hielten, den *saturday* umzubenennen. Da in heidnischen Kulten vor allem die Naturmächte beschworen, beschwichtigt oder gnädig gestimmt werden sollten, war der Naturbegriff in den Augen der Missionare heidnisch besetzt. In England war aber das Heidentum so schnell dem Christentum gewichen, daß von ihm keine Bedrohung mehr ausging. Deshalb wurde auch die heidnisch besetzte Natur mit freundlicheren Augen gesehen, was eine plausible Erklärung dafür ist, daß schon in der altenglischen Dichtung ein Hauch von romantischem Naturgefühl zu spüren ist. Dieser Hauch ist seitdem nie mehr aus der englischen Kultur gewichen. Er hat sich schon bei Spenser, Shakespeare und Milton zu einem kräftigen Atem entwickelt und ist danach im 18. Jahrhundert von England aus wie ein Sturm über den Kontinent hinweggegangen. Ein Zeugnis dafür sind die über ganz Europa verbreiteten englischen Gärten.

Auch bei den heutigen Engländern läßt sich die Liebe zur Natur allenthalben beobachten. Den Gartenkult erwähnten wir bereits. Die Sehnsucht, im Grünen zu wohnen, scheint bei ihnen stärker ausgeprägt als anderswo. So wundert es nicht, daß die Idee der „Gartenstadt“ zuerst in England aufkam und dort am konsequentesten realisiert wurde. Auch die Tierschutzbewegung ging von England aus, und noch heute findet man nirgendwo sonst so viele Freiwillige, die ihre Freizeit für den Schutz von Nistplätzen bedrohter Vogelarten opfern. *Birdwatching*, das sachkundige Beobachten von Vögeln, ist eine Art Volkssport, ebenso das Bergsteigen, obwohl der höchste Berg auf den Britischen Inseln, der Ben Nevis in Schottland, mit 1343 Metern nur gerade 200 Meter höher ist als der Brocken im Harz. Alles in allem gibt es wohl kaum ein Volk in Europa, das der Bewegung in der freien Natur so große Bedeutung beimißt. Auch im Sport steht das Spiel im Freien obenan, während Hallensportarten wie das Geräteturnen sich nur geringer Beliebtheit erfreuen. In einem späteren Kapitel werden wir zeigen, daß der Naturraum für Engländer nicht nur ein freundliches Refugium, sondern jahrhundertelang die zweite Hälfte ihrer „amphibischen“ Kultur war.

11. Humor

Am 11. September 1993 stand in der Magazin-Beilage der englischen Tageszeitung *The Independent* ein Artikel aus der Feder von Paul Binding, worin dieser seine Landsleute aufforderte, ihren Götzen Humor endlich vom Thron zu stoßen. Ähnliches, wenn auch nicht ganz so deutlich, hatte vor hundertdreißig Jahren schon Matthew Arnold gesagt, der den Engländern vorhielt, sie hätten eine unstillbare Neigung zum „Bathos“, d.h. zum Herabziehen des Erhabenen auf die Ebene des Lächerlichen. Wenn einem Volk der Humor geradezu als Laster vorgeworfen wird, dann darf man wohl annehmen, daß es sich dabei um ein typisches Merkmal handelt. *Bella Italia* nennt sich schön, *la douce France* findet sich süß, mild und lieblich, die USA verstehen sich als *God's own country* (Gottes eigenes Land) und Deutschland hielt sich lange Zeit für das Land der Dichter und Denker, zu dem es von Madame de Staël erklärt worden war.

Das Epitheton, mit dem sich England schmückt, heißt *merry*, also lustig, heiter und vergnügt. Schon im 12. Jahrhundert schrieb Henry von Huntington in seiner *Historia Anglorum*: „Anglia plena iocis, gens libera, digna iocari." (England ist voll von Späßen; das Volk ist freimütig, bereit zu scherzen). Zu Shakespeares Zeiten war daraus bereits die feststehende Formel *merry England* geworden, die von deutschen Sprechern meist zu *merry old England* erweitert wird.

Daß die Engländer ein besonders humorvolles Volk sind, wurde ihnen in Reiseberichten ausländischer Besucher immer wieder attestiert. Daran hat sich bis heute nichts geändert. Nicht nur Monty Pythons „Flying Circus" legt dafür beredtes Zeugnis ab. Unerschöpflich scheint die Produktion der Komödienschreiber des Londoner West End zu sein, deren Werke oft schon im Jahr darauf auf den Bühnen deutscher Boulevardtheater erscheinen. Während man dic spielbaren Komödien der deutschen Literatur an den Fingern einer Hand abzählen kann, reicht in England eine ununterbrochene Komödientradition von Ayckbourn über Noel Coward, Shaw, Wilde, Sheridan, Vanbrugh, Farquhar, Congreve, Wycherley, Etheredge und Ben Jonson bis zum alle überragenden Meister Shakespeare zurück. Und sie alle haben Komödien geschrieben, die noch heute auf der Bühne wirksam sind. Ihnen zur Seite steht eine ebenso ununterbrochene Tradition komischer Romane, die nicht nur durch große Namen wie Sterne und Dickens vertreten wird, sondern sich in der Versepik um drei weitere Jahrhunderte bis zu Chaucer zurückverfolgen läßt. Ein dritter Traditionsstrang englischen Humors ist die nicht weniger lange Liste der großen Satiriker, zu denen neben Dryden, Swift, Pope, Byron, Thackeray und Evelyn Waugh viele andere gehören, die außerhalb Englands weniger bekannt sind. Humor und Satire sind für die englische Literatur so typisch wie für die deutsche Literatur romantische Innerlichkeit und das Ringen um die Tragödie.

Wäre es möglich, die Quantität von produzierter Komik und darauf reagierendem Lachen in den einzelnen Völkern zu messen, so würde man wahrscheinlich finden, daß die Deutschen genauso oft und herzhaft lachen wie die Engländer. Und doch zählen sie den Humor nicht zu ihren nationalen Eigenschaften, und schon gar nicht wird er ihnen von Ausländern attestiert. Engländer hingegen nehmen ihn nicht nur selbst für sich als nationales Merkmal in Anspruch, er wird ihnen auch von Fremden jedweder Herkunft immer wieder bescheinigt. Es muß also eine besondere Bewandtnis mit ihm haben. Die vier typischsten Formen, in denen er auftritt, sind Sprachspiele, Nonsense, schwarzer Humor und Exzentrizität. Was das erste betrifft, so haben Engländer den unvergleichlichen Vorzug, über eine Sprache zu verfügen, mit der man wie mit kaum einer anderen spielen kann. Durch die Lautveränderungen infolge der Verschmelzung des alten Angelsächsischen mit dem sich darüberlagernden Französischen entstand ein Wortschatz, der unzählige Homonyme enthält, also Wörter, die bei gleicher Aussprache etwas ganz Verschiedenes bedeuten. Das eröffnet die Möglichkeit zu unerschöpflichen Wortspielen. Das *punning* ist geradezu ein intellektueller Nationalsport der Briten. Die literarische Form, in der es bis zum Exzeß betrieben wird, ist der *Limerick*. Englische Konversation wird fast immer mit Wortspielen gewürzt. Kein Politiker läßt sich die Gelegenheit entgehen, seine Reden damit anzureichern, und selbst ein Nachrichtenmagazin wie der *Economist*, der in seiner Aufmachung in puritanischem Quäkergrau daherkommt, läßt keine Gelegenheit ungenutzt, seine Artikel mit Überschriften zu würzen, die entweder ein Wortspiel enthalten oder so formuliert sind, daß sie auf ein bekanntes Zitat anspielen. Deutsche Journalisten können diese Sprachartistik nur neidvoll zur Kenntnis nehmen, ihre eigene Sprache gibt solche Möglichkeiten nicht her. Es scheint aber doch irgendwie bezeichnend zu sein, daß Wortspiele im Deutschen nicht nur schwer zu erfinden sind, sondern obendrein keine gute Presse haben. Man nennt sie bei uns Kalauer, und dieses Wort enthält bereits den Unterton der Mißbilligung.

Das englische Spielen mit der Sprache bedarf aber noch einer näheren Charakterisierung. Auffällig ist, daß dabei nur selten das bewußte Sich-Produzieren zu beobachten ist. Das angeberische Zeigen von Bildung und die selbstverliebte virtuose Geistreichelei sind in England spätestens seit dem 18. Jahrhundert verpönt. Sprachlicher Witz muß sich in der Aktion beweisen, und zwar im blitzschnellen Floretthieb, mit dem man die Blöße des anderen trifft, der das Spiel nicht so gut beherrscht. Wer im Staffroom einer Universität oder in irgendeiner Versammlung von rivalisierenden Mitgliedern eines Betriebs solche sprachlichen Scharmützel belauscht, wird bemerken, daß sie mit beträchtlicher Härte geführt werden. Manchem Deutschen mag es scheinen, als käme dabei unter der höflichen Oberfläche geradezu ein Zug von Brutalität zum Vorschein. Englischer Humor ist nicht gemütlich wie der deutsche, er schreckt vor erbarmungslosen Nadelstichen nicht zurück. Man darf aber nicht vergessen, daß diese Stiche den gewalttätigen Faustschlag ersetzen. Der Humor ist neben dem Sport für Engländer wahrscheinlich das wichtigste Ventil für das Abreagieren von Aggression. Vielleicht konnte die englische Mittelklasse ihr unkriegerisches, Gewalt verabscheuendes Gentleman-Ideal nur dank dieser beiden Ventile so lange aufrechterhalten.

Die zweite Form von Komik ist so typisch englisch, daß wir sie sogar mit einem englischen Wort bezeichnen: *nonsense.* Manches, was dem Nonsense nahekommt, findet sich schon in den Reden der Shakespeareschen Narren und in Lawrence Sternes Roman *Tristram Shandy.* Edward Lear (1812–1888) hat daraus in seinem *Book of Nonsense* (1845) eine Literaturform gemacht. Doch die Bühne der Weltliteratur betrat der Nonsense erst in Gestalt der unsterblichen *Alice im Wunderland* (1865) des Oxforder Mathematikprofessors Charles Lutwidge Dodgson, besser bekannt als Lewis Carroll. Seitdem hat die Produktion von Nonsense-Literatur in England nie aufgehört. Und seit es neben der Literatur die anderen Medien gibt, hat sich Nonsense auch in Film und Fernsehen als englischer Markenartikel über die ganze Welt verbreitet, zum Beispiel in Gestalt des eingangs erwähnten Monty Python. Auch der Nonsense läßt sich als Ventil deuten, das Entlastung vom allzu starken Druck der englischen Rationalität ermöglicht.

Auch für die dritte Form, den *schwarzen Humor*, ist Monty Python eine unerschöpfliche Quelle. Ein Hang zum Makabren läßt sich bereits in der elisabethanischen Tragödie beobachten.

Als bittere Satire erscheint der schwarze Humor bei Swift. Danach finden wir ihn in den Schauerromanen und in de Quinceys Essay *Der Mord als schöne Kunst betrachtet*. Auch Agatha Christies Kriminalromane haben mehr schwarzen Humor als psychologischen Realismus. Was diese Form des Humors so schwarz erscheinen läßt, ist seine vollkommene Respektlosigkeit gegenüber allen traditionellen Werten, seien sie religiös, moralisch oder politisch. Es ist die gleiche Respektlosigkeit, die wir in Fernsehsatiren wie *Spitting Image* beobachten können. Denselben Engländern, denen im gesellschaftlichen Verkehr nichts wichtiger zu sein scheint als die Wahrung des Gesichts, ist auf der anderen Seite offenbar nichts so heilig, daß man nicht darüber scherzen dürfte. Auch das hat zweifellos Entlastungsfunktion. Die vierte und letzte Form des englischen Humors, die *Exzentrizität*, haben wir schon im Zusammenhang mit dem Individualismus hinreichend beschrieben. Ein Name, der zum Inbegriff für exzentrische Komik geworden ist, darf hier nicht unerwähnt bleiben, Charles Dickens. Der Kosmos seiner Sonderlinge lebt im englischen Bewußtsein sogar in der Alltagssprache fort und darf mit Recht als typisch englisch angesehen werden.

Damit kommen wir zu der Frage, was das spezifisch Englische des englischen Humors ausmacht. Es mag etwas verwegen sein, in einem einzigen Satz eine Sache definieren zu wollen, über die ganze Bücher geschrieben und ganze Theorien entworfen wurden. Es soll dennoch gewagt werden: Humor ist die Fähigkeit, eine Spannung im Leben so aufzulösen, daß der tragische Bruch ebenso vermieden wird wie die Preisgabe des Individuellen zugunsten einer moralischen oder ästhetischen Norm. Die tragische Spannungslösung bewirkt kathartische Befriedigung, die durch Trauerarbeit herbeigeführt wird. Die Auflösung der Spannung durch Veredelung der Gegensätze zu einer Norm hin bewirkt moralische Befriedigung. Das erste ruft Tränen hervor, das zweite Erbauung. Über beides können wir nicht lachen. Wenn aber ein komischer Querkopf gegen die Welt anrennt und die Welt ihn in die Schranken weist, ohne seine Querköpfigkeit zu brechen, dann entlädt sich die Spannung durch Lachen, das einer Mischung aus Heiterkeit und Schadenfreude entspringt. Als Angehörige der Mehrheit freuen wir uns, wenn der Störer einen Denkzettel bekommt; als einzelne freuen wir uns aber auch darüber, daß es möglich ist, seine Individualität gegen die Mehrheit zu behaupten. Das verinnerlichte Organ, das uns dabei leitet, ist der Humor, so wie uns das Gewissen beim Handeln und der Geschmack bei der sinnlichen Wahrnehmung leitet. Humor ist also ein Organ, das zwischen dem einzelnen und der Gesellschaft vermittelt. Er ist ein soziales „Schmiermittel". Damit ist die Erklärung für den englischen Humor indirekt bereits ausgesprochen. England war das Land, in dem das bürgerliche Individuum am frühesten freigesetzt worden ist. Um sich aber frei in den aufgebrochenen Hierarchien bewegen zu können, bedurfte es eines Schmiermittels, ohne das sich der einzelne permanent am Widerstand der anderen wundgerieben hätte. Die Engländer haben ihren Humor also nicht deshalb entwickelt, weil sie von Natur aus ein humorvolles Volk sind, sondern weil sie ihn als Organ zum gesellschaftlichen Überleben brauchten. Damit erklärt sich auch das Phänomen, weshalb ausgerechnet die Engländer, deren Konformitätsdruck so groß ist, daß Ausländer sie fast wie Uniformierte empfinden, gleichzeitig eine so närrische Liebe zur Exzentrizität zeigen. Gerade der Konformitätsdruck verlangt nach ständiger Entlastung. Und diese Entlastung wäre nicht möglich, wenn das Gegenbild, der Exzentriker, nur Zielscheibe des Spotts wäre. Er muß immer auch Gegenstand heimlicher Bewunderung sein. Nur so bleibt der seelische Haushalt der Gesellschaft im Gleichgewicht. Und auch das „Vom-Sockel-Stoßen" der heiligsten Werte, wie es der schwarze Humor betreibt, endet damit, daß der einzelne nicht über diesen Werten steht, sondern daß zuletzt alles auf den Boden elementarer Tatsachen nivelliert ist. Im englischen Humor macht sich der egalitäre Geist Luft, den der englische Bürger schon seit dem Spätmittelalter so auffallend an den Tag legte und der sich seitdem permanent gegen den Druck der hierarchischen Klassengesellschaft auflehnte und noch immer auflehnt.

12. Englische Untugenden

In den Berichten von Ausländern, die Großbritannien in den zurückliegenden fünf Jahrhunderten bereist haben, schneiden die Engländer überwiegend gut ab. Erst im 19. Jahrhundert findet man bei deutschen Besuchern in zunehmendem Maß die ressentimentgeladene Ansicht, die Inselbewohner seien ein Volk von „Krämerseelen" und „Pfeffersäcken". Richard Wagners Bericht ist dafür ein unrühmliches Beispiel. Im ganzen werden aber doch die Tugenden von den Reisenden viel stärker hervorgehoben. Allerdings verschweigen sie auch nicht die eine oder andere Untugend, die sie als solche wahrgenommen haben. Die am häufigsten genannten wollen wir hier kurz betrachten. Dabei soll gleich vorweg gesagt werden, daß diese sich historisch als weit weniger konstant erwiesen haben als die Tugenden. Als typisch wird man eigentlich nur die letzte ansehen können.

Eine den Engländern und vor allem den Engländerinnen schon zu Shakespeares Zeiten nachgesagte Untugend ist die *Faulheit*. Der Vorwurf kehrte im 17. und 18. Jahrhundert wieder und wurde erst im 19. Jahrhundert für kurze Zeit durch das genau entgegengesetzte Stereotyp ersetzt. Auf einmal werden die Engländer als Workaholics beschrieben und mit Attributen versehen, die viel eher auf die heutigen Amerikaner oder gar die Japaner zu passen scheinen. In unserem Jahrhundert ist der Vorwurf der Faulheit wieder zurückgekehrt. Bei deutschen und japanischen Managern steht der englische Arbeitseifer nicht sehr hoch im Kurs. Dabei liegt die Jahresarbeitszeit des durchschnittlichen Engländers erheblich über der seines deutschen Kollegen. In der freien Wirtschaft ist es wohl tatsächlich so, daß Engländer weniger verbissen ihrem Job nachgehen als Deutsche oder Japaner. Auch ist allgemein bekannt, daß ihnen ihre Teepausen heilig sind. Daraus auf einen natürlichen Hang zur Faulheit schließen zu wollen, dürfte allerdings verfehlt sein. Jeder, der einmal an einer englischen Universität studiert hat, weiß, daß dort fleißiger gearbeitet wird als an einer deutschen, sowohl von den Studenten als auch vom Lehrpersonal. Der wesentliche Unterschied zwischen Deutschland und England ist der, daß Arbeit als Notdurft dem Lebensstil eines Gentleman widerspricht und infolgedessen keinen hohen ethischen Wert darstellt. Der Student jedoch „arbeitet" nicht, er bereitet sich auf eine *profession* vor, also auf eine Tätigkeit, die eines Gentlemans würdig ist. Deshalb wird zum Beispiel schon bei Studenten auf der Briefadresse dem Namen ein *Esq.* angefügt. Dies ist die Abkürzung für *Esquire*, was nur ein anderes Wort für Gentleman ist. In den akademischen Berufen – besagten *professions* – arbeiten die Engländer mindestens ebenso hart wie die Deutschen. Nur im produzierenden Gewerbe gilt Arbeit traditionell als eines Gentlemans unwürdig. Deshalb versuchen dort die Gewerkschaften, in Gestalt der Teepausen einen Rest von Muße zu bewahren, die das Kennzeichen des Gentlemans ist. Und die Manager versuchen, ihrem Job einen Hauch von amateurhafter Liebhaberei zu geben. Letzteres wird von vielen Fachleuten als noch verhängnisvoller für die englische Wirtschaft angesehen als die Teepausenmentalität der Arbeiter. Was auch immer Wahres daran sein mag, Tatsache ist, daß auf der anderen Seite eben dieses entspanntere Verhältnis zur Arbeit die Engländer in den Augen vieler gestreßter Deutscher als sympathisch erscheinen läßt. Von einem nationalen Hang zur Faulheit kann aber wohl kaum die Rede sein.

Mit der Faulheit wurde oft in einem Atemzug die *Völlerei* genannt. Wenn ausländische Besucher diesen Vorwurf erhoben, wird man einen gewissen Neid dahinter vermuten dürfen; denn die Engländer waren jahrhundertelang das bestgenährte Volk Europas. Das ist zum einen auf die geringe Bevölkerungsdichte und zum anderen auf die ausgedehnte Viehzucht zurückzuführen. Von einer Untugend oder gar einem Laster wird man hier am allerwenigsten sprechen können. Allenfalls könnte man in der großen Quantität des Nahrungsangebots einen Grund dafür sehen, daß die Engländer wenig Neigung zeigten, die Qualität der Speisen durch Kochkunst zu steigern. Die englische Küche ist auch heute nicht jedermanns Sache, wenngleich sie besser ist als ihr Ruf. (Einen anderen Grund für die geringe Bedeutung der Eßkultur in England werden wir im Zusammenhang mit der „amphibischen" Kultur nennen.)

Eine dritte, noch viel häufiger bemerkte Untugend, die auch heute noch von Fremden an den Engländern getadelt wird, ist die *Überheblichkeit*. Daß Engländer ausländischen Besuchern das Gefühl einer natürlichen Überlegenheit vermitteln, ist oft genug bezeugt worden. Das Eigentümliche daran ist, daß sie diesen Eindruck ohne jegliche Arroganz bewirken. Es scheint, als sei der Umstand, Engländer zu sein, für sie ein so offensichtliches Privileg, daß sie die diesbezügliche Irritation des Ausländers gar nicht wahrnehmen. Aus dem englischen Schrifttum spricht ebenso wie aus dem alltäglichen Verhalten der Briten, daß es für sie zwei Grundkategorien von Menschen gibt: Engländer und Nicht-Engländer. Zum geflügelten Wort wurde eine Zeitungsmeldung, die bei dichtem Nebel über dem Kanal die Schlagzeile brachte: „Continent cut off". Daß bei einem Inselvolk ein Zug von Insularität zu erwarten ist, kann nicht weiter verwundern. Wenn dieses Volk dann auch noch über ein halbes Jahrtausend hinweg dem Rest Europas in fast allen gesellschaftlichen und ökonomischen Entwicklungen vorausgeeilt ist, wird man ihm nicht verargen können, daß es darauf stolz ist. Allerdings sind sich viele Engländer selber der Tatsache bewußt, daß ihr insularer Stolz auch zu einer gewissen selbstzufriedenen Engstirnigkeit geführt hat, unter der England gerade jetzt zu leiden hat, wo es versucht, sich in das neue Europa einzugliedern. Soweit es ihr individuelles Verhalten betrifft, scheint der Stolz eine so vollständig verinnerlichte Haltung zu sein, daß er sie den Eindruck von Überlegenheit hervorrufen läßt, obgleich sie selber schon wegen ihres notorischen Hangs zum Understatement bestrebt sind, diesen Eindruck gerade nicht aufkommen zu lassen. Eben dies läßt sie erst recht überlegen erscheinen. Man geht kaum fehl in der Annahme, daß dies der wirkungsvollste Effekt und wahrscheinlich auch der Hauptzweck des englischen Codes der Selbstdisziplin ist.

Die nächste Untugend, die der *Beschränktheit*, wird den Engländern erst seit dem frühen 19. Jahrhundert vorgeworfen. Bis zum Ende des 18. galten sie in Europa als geistig besonders aufgeweckt und fortschrittlich. Vor Kant waren die meisten neuen Ideen aus England gekommen, und die deutschen Intellektuellen sahen in den Engländern „ihre Lehrmeister“, wie Goethe es ausdrückte. Dann aber entdeckten die Deutschen die spekulative Philosophie, und als die pragmatischen Engländer ihnen auf diesem Wege nicht folgten, sahen sie schon bald verächtlich auf die platten Briten herab. Eine Spur dieser Geringschätzung zieht sich durch das deutsch-englische Verhältnis bis in die heutige Zeit. Die Amerikaner, deren Universitäten sich im 19. Jahrhundert stark an den deutschen orientierten, haben diese Haltung in gewissem Umfang geteilt. So wundert es nicht, wenn der schon einmal erwähnte Amerikaner Price Collier in *England and the English* ein ganzes Kapitel der Frage widmet, ob die Engländer „dull“ seien, d. h. geistig stumpf. Er bejaht die Frage, um gleich darauf der *dullness* doch noch etwas Positives abzugewinnen. Die als Tiefe empfundene Dunkelheit des deutschen Denkens und das geistige Feuerwerk des französischen *Esprit* ist den Engländern gleichermaßen fremd. Ihr ganzes Denken spielt sich im nüchternen Licht des hellen Tages ab. Das muß sie natürlich in den Augen eines Heideggerianers ebenso wie in denen eines Sartre-Schülers als intellektuell unterlegen erscheinen lassen. Englische Intellektuelle scheinen dies neuerdings selber zu spüren, weshalb sie sich mit besonderer Verve auf die intellektuelle Akrobatik der Postmoderne, auf Foucault, Lacan und Derrida stürzen, als wollten sie ihr traditionelles Manko kompensieren. Auch das ist ein Anzeichen dafür, daß England im Begriff ist, vieles von dem aufzugeben, was jahrhundertelang typisch englisch war.

Eine vergleichsweise harmlose, aber heute noch immer weit verbreitete Untugend ist die *Wettleidenschaft*. Sie wurde schon im 18. Jahrhundert an den Engländern beobachtet. Casanova berichtet davon in seinen Memoiren. Auch heute noch nimmt das Wetten im Bewußtsein des englischen Volkes einen großen Raum ein. Von der Mittelschicht aufwärts wettet man beim Pferderennen, die Schichten darunter tun das gleiche beim Windhundrennen, und Hausfrauen versuchen ihr Glück beim Bingo. Daneben gibt es natürlich noch das Fußball-Toto und alle möglichen Lotterien. Außerdem kann man auf so ziemlich alles eine Wette abschließen, auf den Ausgang einer Wahl ebenso wie auf das Geschlecht eines erwarteten königlichen Babys oder auf die Rocklänge der nächsten Mode. Über die Ursachen der englischen Wettleidenschaft läßt sich spekulieren. Da Amerika von der gleichen Leidenschaft beherrscht ist, liegt die Vermutung nahe, daß der Grund dafür in einer gemeinsamen ideologischen Erbschaft zu suchen ist, nämlich im Puritanismus. Zwar hielten überzeugte Puritaner das Wetten für sündhaft, doch kommt im Glücksspiel etwas zum Ausdruck, was das Bewußtsein des Puritaners permanent beschäftigt, nämlich die Ungewißheit darüber, ob er von Gott für den Himmel oder die Hölle prädestiniert ist. Das Glücksspiel könnte als ein Test empfunden werden, dessen erfolgreicher Ausgang als ein Zeichen des Himmels zu verstehen ist. Weshalb sollte Gott das Glück einem schicken, der für die Hölle bestimmt ist? Auf ähnliche Weise wird ja auch erklärt, weshalb die zur Askese verpflichteten Puritaner so unermüdlich damit beschäftigt waren, ihr Geld zu vermehren. Möglicherweise trägt die Wettleidenschaft mit zu Englands Wirtschaftsschwäche bei; denn sie hält Milliardenbeträge in einem Geldkreislauf, der keinerlei Wertschöpfung bewirkt. Das gleiche gilt für den ebenso beliebten Antiquitätenhandel, der ja auch einen Schatzsucherinstinkt befriedigt und damit dem Wetten verwandt ist.

Die sechste Untugend wurde vor allem im 18. Jahrhundert an Engländern beobachtet. Es war eine halb als Krankheit, halb als Laster empfundene Neigung zur *Schwermut*, die Engländer dazu brachte, sich aus nichtigem Anlaß umzubringen. Damals konnte man in Deutschland den Satz hören, jemand habe „den Engländer gemacht“, was heißen sollte, er habe sich umgebracht. Die Ursache der psychischen Verfassung, die zu solchen Kurzschlußhandlungen führte, schrieb man einer Stoffwechselstörung in der Milz zu. Milz heißt auf englisch *spleen*. Dieses Wort wurde damals ins Deutsche übernommen und bezeichnet seitdem jene geistige Störung, die an Engländern so auffällig oft beobachtet wurde. Wir hatten schon in dem Kapitel über den englischen Individualismus die Vermutung geäußert, daß die in

England sehr früh einsetzende Vereinzelung des Individuums und die extreme Ausbildung einer zur Selbstkontrolle verpflichtenden Innenleitung dazu führte, daß es da, wo das Individuum diesen inneren Druck nicht aushielt, zu Melancholie und Depression kommen konnte. Ob diese Vermutung haltbar ist, mögen psychologische Spezialisten entscheiden. Ganz und gar unwahrscheinlich dürften jedenfalls die beiden Erklärungen sein, die damals vorgebracht wurden. Die eine sah die Ursache des Spleens in der allzu fleischreichen Kost der Engländer, die andere im wechselhaften Wetter auf den Britischen Inseln. Heute wird man in *merry England* kein auffallend höheres Auftreten von Depressionen feststellen können als in den übrigen Nationen, da inzwischen alle Europäer in der gleichen individualisierten und wettbewerbsorientierten Industriegesellschaft leben, die seinerzeit als erstes in England entstand; und die Selbstmordrate liegt sogar niedriger als bei den meisten anderen Völkern Europas.

Die siebente und letzte der typisch englischen Untugenden ist die einzige, die den Engländern auch heute noch vorgeworfen wird und zu der sie sich selber bekennen, die *Heuchelei.* Sie trägt im Englischen neben dem Wort *hypocrisy* noch einen zweiten Namen, der eine spezifisch englische Variante dieser Untugend bezeichnet, *cant.* Cant ist das, was in einer extrem ritualisierten Gesellschaft tagtäglich praktiziert werden muß, um nicht aus der Rolle zu fallen. Man versteht darunter eine Form von Heuchelei, deren wesentliches Merkmal darin besteht, daß man ein eigennütziges Handeln nicht nur anderen gegenüber als moralisch deklariert, sondern daß man sich selber dazu bringt, es für moralisch zu halten. Gewiß wird frommer Selbstbetrug von allen Menschen und von jeder Gesellschaft in irgendeiner Form praktiziert. Aber es ist nur natürlich und nicht verwunderlich, daß er in besonderem Maße in einer Gesellschaft auftritt, die moralisches Handeln auf ihre Fahnen geschrieben hat. In England war die öffentliche Meinung seit dem Aufkommen des Puritanismus in weit stärkerem Maße von moralischen Rechtfertigungen abhängig als in den absolutistischen Staaten, die eine machiavellistische Machtpolitik praktizieren konnten. Daraus entstanden notwendigerweise Widersprüche zwischen den materiellen Interessen einerseits und den moralischen Ansprüchen andererseits, was Außenstehenden als Heuchelei erscheinen mußte. Englands gesamte Kolonialpolitik war so von einem Grundzug des Cant geprägt. Sie beruhte auf handfestem nationalem Egoismus, mußte aber als moralische Aufgabe gegenüber den noch unmündigen Völkern Afrikas und Asiens legitimiert werden. Und während im Inland Kampagnen für immer mehr Bürgerfreiheiten geführt wurden, hielt man gleich nebenan die Unterdrückung der Iren für moralisch berechtigt. Die Sklaverei im eigenen Land wurde verboten, doch die Früchte des Sklavenhandels wurden weiterhin genossen. Man kann dieses Sündenregister seitenlang fortsetzen. Die viktorianische Zeit war die große Epoche des Cant, und die damals geprägten Verhaltensmuster wirken noch heute nach. In harmloser Form erlebt es der deutsche Besucher, wenn er während einer Winterolympiade den englischen Medien zu entnehmen versucht, wer beispielsweise den Abfahrtslauf gewonnen hat. Da wird in den Abendnachrichten gemeldet, daß der englische Teilnehmer es auf Platz 17 geschafft hat, doch wer die Medaillen gewonnen hat, bleibt unerwähnt. Niederlagen nicht einzugestehen und sie in Leistungen umzumünzen ist ebenso Teil des Cant wie die Verbrämung des Eigennutzes mit einer moralischen Verpflichtung. Eine noch heute sprichwörtliche literarische Symbolfigur für Cant ist Mrs. Grundy. Sie stammt aus einem längst vergessenen Theaterstück eines gewissen Thomas Morton aus dem Jahre 1798. Kurioserweise taucht sie in dem Stück überhaupt nicht auf, sondern wird immer nur als moralische Instanz zitiert. Sie ist die personifizierte öffentliche Moral. „Grundyismus“ ist seitdem zu einem Begriff für jede Form von rigider Moral geworden, wobei die sexuelle Prüderie das Hauptfeld war, auf dem Mrs. Grundy in Erscheinung trat. Die zweite sprichwörtliche Symbolfigur für Heuchelei ist Dickens' Mr. Pecksniff, der mit öliger Selbstgefälligkeit ständig Moral auf der Zunge hat und doch an nichts anderes als an seinen Vorteil denkt.

Daß Engländer die öffentliche Moral schon früh bewußter wahrnahmen als zum Beispiel die Deutschen, ist eine Tatsache, für die es historische Gründe gibt. Der aus der ständischen Bindung freigesetzte Bürger konnte nicht einer ererbten Verhaltensnorm folgen, sondern mußte sich immer von neuem an seiner Umwelt orientieren. Wenn diese Umwelt dann noch einen Code der Höflichkeit und Selbstkontrolle aufrichtete, konnte der einzelne kaum umhin, Cant zu praktizieren. Er durfte nur *die* Ansichten und Gefühle äußern, die der Code zuließ. Da die puritanische Ethik extrem hohe moralische Anforderungen an den einzelnen stellte, mußte die Repression entsprechend rigide sein. Diese Erbschaft lastet, wenn auch in sich abschwächender Form, noch immer auf der englischen Gesellschaft. Es scheint fast so, als sei der Cant der Preis, den Engländer für den ansonsten viel sanfteren Umgang miteinander zahlen. Aber sie wären nicht Engländer, wenn sie nicht auch den Cant in ein Ritual überführt hätten, in den *Snobismus*. Der Snob ist jemand, der ohne schlechtes Gewissen das ausspricht und tut, wofür der im Cant lebende ehrbare Bürger sich das gute Gewissen erst einreden muß. Wie der Dandy gleichsam als exzentrische Variante aus dem Gentleman-Ideal hervorgegangen ist, so hat der Snob seinen Ursprung im Cant des um Respektabilität bemühten Bürgers. Diese Ausbildung einer Entlastungsstrategie gegenüber der extremen Normierung scheint ebenfalls etwas typisch Englisches zu sein.

Alle sieben hier aufgeführten Untugenden wurden an Engländern der Mittelklasse beobachtet. Seit auch die Unterschicht ins Ausland reist, sind weitere Untugenden hinzugekommen, die dort ebenfalls als typisch englisch empfunden werden, obgleich es sich dabei in der Mehrzahl um solche handelt, die man überall in der modernen Welt antrifft. Die häßlichste davon dürfte der Hooliganismus der Fußballfans sein.

13. Englische Flüche und das *vice anglais*

Das Fluchen ist eine spezifisch menschliche Form der psychischen Entlastung. Tiere können nicht fluchen, da ihnen die Sprache fehlt, die symbolisches Handeln ermöglicht. Ihnen bleibt nur physische Aggression oder Flucht. Menschen dagegen können den Erregungsdruck von Zorn, Angst, Scham oder Ekel dadurch mindern, daß sie ein sprachliches Ventil öffnen, indem sie fluchen. Damit die Entlastung wirksam wird, muß es sich um ein Ventil handeln, auf dem der Aggressionsdruck besonders groß ist. Jedes Ich haust gewissermaßen auf einer Burg, die durch die Alarmsysteme der Schmerz-, Angst-, Scham- und Ekelschranke gesichert ist. Die an diesen Schutzwällen bereitgehaltene und nicht benötigte Abwehrenergie muß sich von Zeit zu Zeit entladen, und das geschieht durch das Fluchen. Der Grundbestand der Fluchwörter ist deshalb in den europäischen Kulturen weitgehend identisch. Es sind Flüche, die das Ventil in den tabuisierten Bereichen des Teuflischen, des Göttlichen, der Sexualität, der Fäkalsphäre und des Todes öffnen. Auffällig ist aber, daß die Gewichtung innerhalb dieser Sphären bei den einzelnen Nationen sehr unterschiedlich ist.

Die Deutschen benutzen mit Vorliebe das Wort *Scheiße*. Offensichtlich ist die Analsphäre bei ihnen in besonderem Maße tabuisiert, so daß eine Tabuverletzung an dieser Stelle große Entlastung bewirkt. Nach Freudscher Lehre ist ein analfixierter Mensch ordnungsliebend bis zur Pedanterie, gehorsam und autoritär, also genau das, was den Deutschen nachgesagt wird. Aber selbst ohne diese Theorie wird man mit der Analsphäre immer das Bemühen um Sauberkeit verbinden, so daß schon die deutsche Sauberkeitsbesessenheit ausreicht, um zu erklären, weshalb die Verletzung dieses Tabus so große Entlastung bringt. In anderen Kulturen, zum Beispiel im alten Rußland, bezogen sich die Flüche vor allem auf das religiöse Tabu. In England sind das Bluttabu und die Sexualsphäre die unerschöpflichen Reservoire von Fluchwörtern. Neben *bloody* ist das Wort *fucking* zum meistgebrauchten Kraftwort aufgerückt. Unter Männern wird es inzwischen so geläufig im Sinne von ‚verdammt' gebraucht, daß dabei die eigentliche Bedeutung kaum noch wahrgenommen wird. Richard Hoggart zitiert in seiner Einleitung zu D. H. Lawrences *Lady Chatterley's Lover* einen Soldaten, der sich vor Gericht für eine Körperverletzung am Liebhaber seiner Frau verantworten muß. Da der Satz unübersetzbar ist, müssen wir ihn hier im Original zitieren: „I come home after three fucking years in fucking Africa, and what do I fucking-well find? – my wife in bed, engaging in illicit cohabitation with a male!“ Das Wort *fucking* hat hier so sehr seine eigentliche Bedeutung verloren, daß der Soldat da, wo er diese Bedeutung meint, das tabuisierte Wort bewußt vermeidet und auf das zulässige juristische Fachwort für illegitimen Geschlechtsverkehr ausweicht. Der obsessive Gebrauch von Fluchwörtern aus der Sexualsphäre, der bei Engländern zu beobachten ist, legt den Schluß nahe, daß für sie die Tabulast dort am größten ist, so daß die Öffnung des Fluchventils an dieser Stelle die stärkste Entlastung bringt. Da das Fluchen in der Regel nur mündlich stattfindet und selten Eingang in das Schrifttum findet, läßt sich seine historische Entwicklung schwer verfolgen. Es deutet aber alles darauf hin, daß es sich in unserem Fall um eine Erbschaft des Puritanismus handelt. Obwohl man den Puritanern unrecht tut, wenn man sie in Bausch und Bogen als körper- und lustfeindlich bezeichnet, ist es doch eine Tatsache, daß die Mehrheit unter ihnen diese Haltung einnahm. Deshalb verdankt England ihnen die über Jahrhunderte hinweg sprichwörtliche Langeweile des englischen Sonntags, die knapp bemessenen Öffnungszeiten der Pubs und den langen Kampf in den Medien um den öffentlichen Gebrauch von *four-letter-words*. Unter den Fluchwörtern mit vier Buchstaben sind *fuck*, *cunt* (‚Fotze‘), *balls* (‚Eier‘) und *shit* (‚Scheiße‘) die meistgebrauchten. Drei davon stammen aus der Sexualsphäre. Es mutet kurios an, daß der häufige Gebrauch der drei Wörter die Tabuschranke dieser Sphäre so weit gesenkt hat, daß inzwischen das Wort ‚shit‘ von Engländern zuweilen schon als anstößiger empfunden wird als die sexuellen Obszönitäten. Umgekehrt ist der Gebrauch des Wortes ‚Scheiße‘ im Deutschen so alltäglich geworden, daß er kaum noch als Tabuverletzung empfunden wird. Deshalb begehen deutsche Sprecher im Englischen manchmal den Fehler, das Wort *shit* so leichtfertig wie das entsprechende deutsche Wort zu gebrauchen. Sie wundern sich dann, daß ihr englischer Gesprächspartner darauf mit der gleichen Betretenheit reagiert, mit der sie selber reagieren würden, wenn jemand ihnen gegenüber das Wort ‚ficken' gebrauchte.

Damit stellt sich die Frage: Wie kommt es, daß Deutsche beim Fluchen so gern die Ekelschranke des Fäkaltabus durchbrechen, während Engländer sich dafür die Schamschranke des Sexualtabus aussuchen? Ein Freudianer würde wahrscheinlich im ersten Fall an eine Analfixierung, im zweiten an eine Genitalfixierung denken und beides auf die frühkindliche Entwicklung zurückführen. Weshalb sollten sich aber die Kinder der beiden Völker so unterschiedlich entwickeln? Wäre nicht denkbar, daß es sich hier um eine Prägung handelt, die viel allgemeiner ist als der Aufbau der individuellen Persönlichkeit? Scham und Ekel sind soziale Schutzsysteme, die der Mensch zusätzlich zu dem biologischen Schutzsystem des Angst- und Schmerzempfindens entwickelt hat. Die Scham, die sich vor allem auf den Intimbereich bezieht, schützt ihn vor sexueller Aggression und ermöglicht ihm den Aufbau einer persönlichen Innenwelt. Der Ekel, der sich vor allem auf die Defäkation bezieht, zwingt ihn zu Ordnung und Reinlichkeit und ermöglicht somit ein geselliges Zusammenleben. Wenn dies richtig ist, wird man annehmen dürfen, daß Gesellschaften, die sich gegen andere Gesellschaften behaupten müssen, der Ekelschranke höhere Bedeutung beimessen, da Ordnung und Reinlichkeit das Gemeinwesen stärken. In Gesellschaften, die nicht unter diesem äußeren Druck stehen, wird das Hauptinteresse darin bestehen, gegen den gesellschaftlichen Druck eine intime Innenwelt aufzubauen. Dafür ist die Schamschranke ein wichtiger Schutzwall. Das wäre eine plausible Erklärung dafür, daß die stets von außen bedrängten Deutschen so viel auf Ordnung und Sauberkeit geben, während die durch ihre Insellage geschützten Engländer sich eine extreme Sittsamkeitsethik leisten konnten, die im Viktorianismus ihre prüdesten Blüten trieb. Für den häufigen Gebrauch von *bloody* gilt die gleiche Erklärung; denn wie die Schamschranke dem Schutz des Intimbereichs dient, so das Bluttabu der körperlichen Unversehrtheit.

Wenn von der englischen Einstellung zur Sexualität die Rede ist, darf das nicht unerwähnt bleiben, was schon im 18. Jahrhundert in ganz Europa als das *vice anglais*, das „englische Laster", bezeichnet wurde. Gemeint ist die Vorliebe für sado-masochistische Sexualpraktiken. Schon in Thomas Shadwells Komödie *The Virtuosos* (1676) ist von den Freuden der Rute die Rede, die einer der Charaktere als Schüler einer Public School kennenlernte und nun von seiner Maitresse erbittet. Im darauffolgenden Jahrhundert boten viele Londoner Bordelle diesen Genuß als englische Spezialität an, deretwegen mancher Ausländer sich dorthin auf den Weg machte. So blieb es auch im 19. und 20. Jahrhundert. Noch heute gehen in Abständen Meldungen von Unglücksfällen durch die englische Skandalpresse, bei denen ein Akt selbstquälerischer Sexualbefriedigung zum Tode führte. Auch wenn es für den Sexualbereich immer nur sehr unzuverlässige Statistiken gibt, spricht alles dafür, dass die Engländer sich in der Mehrheit nicht anders verhalten als die übrigen Europäer. In der Minderheit aber, die sexuelle Befriedigung in normabweichenden Praktiken sucht, scheint der Anteil der Masochisten in der Tat höher zu sein. Als Ursache wurde schon im 18. Jahrhundert die an englischen Public Schools oft exzessiv eingesetzte Prügelstrafe genannt. Da aber das Prügeln von Kindern allgemein verbreitet war, hätten masochistische Tendenzen überall mit annähernd gleicher Stärke auftreten müssen. Die Sexualstatistiken deuten jedoch darauf hin, daß sie in protestantischen Ländern signifikant häufiger sind als in katholischen. Das läßt vermuten, daß die Ursache in der verinnerlichten Ethik des Protestantismus zu suchen ist. Anders als Katholiken, die sich ihrer Schuldgefühle durch die Beichte entledigen können, müssen sich Protestanten permanent vor dem eigenen Gewissen rechtfertigen. Das wird sie dazu disponieren, Selbstbestrafung als Schuldentlastung und damit als lustvoll zu empfinden. Als Erklärung reicht das aber nocht nicht aus; denn sonst hätte das *vice anglais* als ein protestantisches Laster wahrgenommen werden müssen. Weshalb es in England verstärkt auftrat, läßt sich eher mit dem erklären, was wir bereits beim Vergleich des deutschen und des englischen Stils sagten. Anders als in Deutschland und den USA hat die tonangebende Mittelschicht in England keine ausgeprägte Leistungsethik, sondern eine Haltungsethik entwickelt. Die an früherer Stelle erwähnte *stiff upper lip* bezeichnet metaphorisch das, was von jedem wahren Engländer erwartet wird, nämlich daß er sich körperlichen oder seelischen Schmerz nicht anmerken läßt. In biographischen Zeugnissen vom 17. bis zum 19. Jahrhundert kann man nachlesen, wie geprügelte Jungen vom Vater oder Lehrer anschließend dafür gelobt wurden, daß sie die Strafe mannhaft ertragen haben. So konnte sich die Lust des nachlassenden Schmerzes mit der stolzen Befriedigung über die bewahrte Haltung zu einem Gefühl lustvoller Entlastung verbinden.

Wenn das, was über das englische Fluchen gesagt wurde – nämlich, daß sich das Fluchventil dort öffnet, wo der Tabudruck am stärksten ist –, dann läßt sich auf die gleiche Weise erklären, weshalb gerade der auf Haltung bedachte Engländer aus der Selbsterniedrigung die stärkste sexuelle Befriedigung ziehen kann. Sich von einer Prostituierten auspeitschen zu lassen bedeutet eine vorübergehende Lockerung des Haltungszwangs, während der physische Schmerz gleichzeitig als Strafe den Verstoß gegen den Code sühnt, so daß ein Gefühl kathartischer Entlastung zurückbleibt. Für diese Deutung spricht auch, daß es vorwiegend Menschen aus streng geregelten Milieus wie z.B. der Kirche, dem Militär und ganz allgemein den besseren Kreisen sind, die diese Entlastung suchen.

Sado-masochistische Tendenzen lassen sich in England auch außerhalb der sexuellen Sphäre allenthalben beobachten. Das reicht von der Härte, für die das englische Militär bekannt ist, über die Fuchsjagden und die Gewalttätigkeiten bei Fußballspielen bis hin zur ritualisierten Gewalt des Rugby, das bezeichnenderweise in den auf Haltung bedachten Kreisen der gebildeten Mittelschicht besonders beliebt ist. Selbst das an früherer Stelle erwähnte geduldige Ertragen schlecht beheizter, zugiger Wohnungen, das zu einer hohen Rate von Rheumatismuserkrankungen führt, hat etwas Masochistisches. Latente Grausamkeit, die sich unter der sprichwörtlichen Höflichkeit verbirgt, ist zudem das Merkmal des englischen Humors, das ihn von dem eher gemütlichen Humor der Deutschen am auffälligsten unterscheidet.

II. Englische Kultur und Gesellschaft

1. Glückskind der Geschichte

Kein Volk Europas blickt auf eine glücklichere Geschichte zurück als das englische. Schon die natürliche Mitgift, die Insellage und das milde Klima, war ein Glücksumstand. Doch läge die Insel irgendwo im Atlantik, dann hätten die Engländer wohl bis zum Aufkommen der Dampfschiffahrt warten müssen, bevor sie zur Welthandelsmacht aufgestiegen wären. Läge sie andererseits noch dichter am europäischen Festland, wäre sie möglicherweise nicht nur von den Normannen, sondern danach noch von den Spaniern, den Franzosen und zuletzt von den Deutschen besetzt worden. So aber hatte sie die Ideallage: weit genug vom Festland entfernt, um gegen Invasionen geschützt zu sein, und doch nahe genug, um frühzeitig mit einem intensiven Seehandel beginnen zu können. Zur Insellage kam das Glück eines gemäßigten Klimas, das die Voraussetzungen für eine florierende Landwirtschaft mit starkem Anteil von Viehzucht bot. Der Golfstrom bescherte milde Winter und feuchte Sommer, so daß in vielen Gegenden das Vieh das ganze Jahr über auf der Weide bleiben konnte. Die Viehzucht lieferte reichlich Dünger für die Ackerflächen, und beides zusammen, noch verstärkt durch die geringe Besiedlungsdichte, machte die Engländer jahrhundertelang zum bestgenährten Volk Europas, wobei der hohe Fleischanteil in der Nahrung von den übrigen Europäern neidvoll als typisch englisch angesehen wurde.

Für die Angelsachsen reichte allerdings der Schutz der Insellage nicht aus. Sie kamen 1066 unter das Joch der Normannen. Dies war die letzte Eroberung der Britischen Inseln und zugleich der Beginn einer nationalen Geschichte von unvergleichlicher Stetigkeit. Wilhelm der Eroberer leistete selber drei weitere Beiträge zu Englands historischem Glück. Zunächst einmal stülpte er über die schon teilweise feudalistische Gesellschaft der Angelsachsen das am vollständigsten durchfeudalisierte Herrschaftssystem ganz Europas. Als Eroberer war er feudalrechtlich der Eigentümer des gesamten Landes. Es gab also keinen Landbesitz außerhalb der Lehnshierarchie, wie dies in Deutschland der Fall war. Das schuf von Anfang an die Voraussetzungen für eine starke Zentralgewalt. Wilhelm befestigte diese günstige Ausgangsposition durch zwei weitere kluge Schachzüge. Er gab seinen mächtigsten Gefolgsleuten keine großen zusammenhängenden Ländereien, sondern nur über das ganze Land verstreute Güter, so daß sich unterhalb der Krone keine Territorialfürstentümer ausbilden konnten. Von diesem Prinzip wich er nur bei den Grenzmarken nach Wales und Schottland hin ab. Um die Grenzen gegen die feindlichen Schotten und Waliser wirksam schützen zu können, mußten die Markgrafen, die sogenannten *marcher lords*, mit hinreichender Territorialmacht ausgestattet sein. Im Norden war er aber klug genug, die Grenzmark dem Bischof von Durham anzuvertrauen, der als zölibatärer Geistlicher keine Erbdynastie gründen und dem König damit nicht gefährlich werden konnte. Damit blieb England von Anfang an jener Partikularismus erspart, der der Fluch der deutschen Geschichte war. Der andere Schachzug war die Übernahme des alten ungeschriebenen Gewohnheitsrechts der Angelsachsen. Da die Normannen eine kleine Minderheit darstellten, die unter den anderthalb Millionen Angelsachsen selbst nach einer weiteren Einwanderungswelle kaum mehr als 100000 Köpfe gezählt haben kann, war unvermeidlich, daß sie sich früher oder später in der eingeborenen Bevölkerung auflösen würde. Hätten sie dem eroberten Volk ein neues, fremdes Rechtssystem aufgezwungen, dann hätte es irgendwann zu einem gewaltsamen Abschütteln des normannischen Jochs kommen müssen. So aber wuchsen die Normannen in ein System hinein, das die große Masse bald wieder als das ihre empfand, weil es sich auf das alte, ungeschriebene Gesetz ihrer Vorväter berief.

Auch wenn es nach dem Aussterben des normannischen Königshauses erst einmal zu tiefgreifenden Wirren kam, riß die

Kette der Glücksfälle nicht ab. Im 13. Jahrhundert kam es zur ersten Machtprobe zwischen der Krone und den Baronen. Wir haben dies bereits im Zusammenhang mit dem englischen Freiheitsstreben erörtert. Am Ende des Jahrhunderts hatte England wieder einen klugen König, Eduard I., der 1295 ein Parlament einberief, das im 19. Jahrhundert den Namen *model parliament* erhielt, weil man darin das Modell für alle späteren Parlamente in England zu sehen glaubte. In diesem Parlament waren der Hochadel, der obere Klerus, die Ritter als Vertreter der Grafschaften und die Repräsentanten der Städte vertreten. Damit vereinte es die klassischen drei Stände – Adel, Klerus, Bürgertum –, die auch in Deutschland im Reichstag vertreten waren. Dort aber saßen die Ritter als niederer Adel abseits vom Hochadel auf der Ritterbank und stellten eine eigene Interessenvertretung dar. Eingezwängt zwischen dem mächtigen Hochadel und der zunehmenden Wirtschaftsmacht der Städte schwand ihr Gewicht mehr und mehr, und ihr politisches Ende war schon frühzeitig besiegelt. Ganz anders in England. Hier schlugen sie sich auf die Seite der Städte und tagten zusammen mit diesen im sogenannten Unterhaus. Damit waren die Weichen für dessen unaufhaltsamen Aufstieg gestellt. Die Städte brachten das ökonomische Gewicht der sich entwickelnden frühkapitalistischen Wirtschaft ein, und die Ritter, die in ihrer Gesamtheit in England als Gentry bezeichnet werden, repräsentierten dank ihrer großen Zahl einen breitgestreuten Grundbesitz. Außerdem lag in ihren Händen die gesamte niedere Gerichtsbarkeit und die nichtstädtische Kommunalverwaltung.

Die frühe Allianz zwischen der Gentry und den Städten schuf in England eine starke Mittelschicht zu einem Zeitpunkt, als anderswo der dritte Stand sich erst zaghaft zu regen anfing. Bereits unter Elisabeth I. hatte das Unterhaus die entscheidende politische Initiative gewonnen. Es war zwar noch weit davon entfernt, die Regierung zu bilden, doch da es in allen Fragen der Staatsfinanzen das entscheidende Wort hatte, war eine Politik gegen seinen Willen nicht mehr möglich. Bevor es aber zu dieser folgenreichen Verlagerung des politischen Gewichts kam, erlebte England einen anderen Glücksfall seiner Geschichte, die Reformation. Anders als in Deutschland, wo die Reformation durch Luther theologisch begründet wurde, vollzog Heinrich VIII. sie in England aus rein politischen Motiven. Nachdem er sich noch kurz vorher durch sein Eintreten gegen die Reformation vom Papst den Titel *fidei defensor*, d.h. ‚Verteidiger des Glaubens', verdient hatte, der noch heute zu den offiziellen Titeln des britischen Staatsoberhaupts zählt, vollzog er 1534 den Bruch mit Rom, weil der Papst ihm die Scheidung von Katharina von Aragon verweigerte. Neunzehn Jahre später versuchte seine Tochter, Maria die Katholische, das Ruder noch einmal herumzuwerfen. Es kam zu einer gewaltsamen Rekatholisierung, die der Königin den Beinamen ‚die Blutige' eingebracht hat. Doch nach nur fünf Jahren führte Elisabeth das Land zum Protestantismus zurück und erklärte diesen als *Church of England* zur Staatsreligion. Auch wenn es danach in der Zeit des Bürgerkriegs noch zu weiteren religiösen Auseinandersetzungen kam, erwies sich der nahezu geschlossene Übertritt zum Protestantismus für das Land als außerordentlich segensreich. Ihm blieb damit das Schicksal erspart, das Deutschland im Dreißigjährigen Krieg erleiden mußte. Der nächste Glücksfall trat ein, als Jakob II. wegen seines Versuchs der Rückkehr zum Katholizismus vertrieben wurde und der Thron ohne große Unruhe auf den protestantischen Niederländer Wilhelm von Oranien überging. Auch diese unblutige und deshalb ‚glorreich' genannte Revolution läßt sich als ein Beweis für den pragmatischen Common sense der Engländer ansehen. Von noch mehr politischer Weisheit zeugt, daß sie den neuen König erst auf den Thron ließen, nachdem er in der Bill of Rights auf alle traditionellen Prärogativrechte der Krone verzichtet hatte. Seitdem ist England eine konstitutionelle Monarchie, womit die Weichen in Richtung auf eine zunehmende Demokratisierung gestellt waren, auch wenn dieser Prozeß erst nach dem Ersten Weltkrieg zum Abschluß kam. Ein anderer Glücksfall verhalf dem Land zu seiner frühen Industrialisierung. Es war die Dominanz der schon früher erwähnten Schafzucht. Durch sie hatte das Land einen wirtschaftlichen Rohstoff, dessen Weiterverarbeitung nach industriellen Fertigungsmethoden förmlich verlangte.

Schon im 12. Jahrhundert war England ein bedeutender Wollproduzent. Als 1348/49 im Zuge der Großen Pest das Land weitgehend entvölkert wurde und die Nachfrage nach Agrarprodukten rapide sank, wurden ausgedehnte Ackerflächen in Schafweiden umgewandelt. Seitdem war die Wolle das Fundament der englischen Wirtschaft, was seinen symbolischen Ausdruck darin findet, daß der Lordkanzler als Vorsitzender des Oberhauses noch heute auf einem Wollsack thront. Da die englische Wirtschaft sehr früh begann, mit einem Massengut Handel zu treiben und dieses auf halbindustrielle Weise weiterzuverarbeiten, kam es nicht wie in Flandern, Frankreich, Süddeutschland und Oberitalien zum Aufbau eines hochentwickelten und sehr arbeitsintensiven Kunsthandwerks. Deshalb setzte der englische Merkantilismus nicht wie der französische auf hochwertige Manufaktur, sondern auf die durch Handel erwirtschaftete Gewinnspanne. Das bewirkte zwar, daß das englische Kunsthandwerk in britischen Museen durch Abwesenheit glänzt, dafür aber war das Land ökonomisch und ideologisch bestens vorbereitet auf eine Wirtschaftsform, in der nicht mehr Spitzenqualität in kleiner Stückzahl, sondern Standardqualität in großen Massen gefragt war.

In manchen Fällen verdankten die Engländer ihr Glück dem puren Zufall, so zum Beispiel beim Sieg über die spanische Armada. Doch die Stetigkeit ihrer Geschichte spricht dafür, daß sie mit dem Pfund ihrer natürlichen Mitgift sehr besonnen gewuchert haben, so daß sie sich den größeren Teil ihres Glücks wohl auf dem Konto ihrer eigenen gesellschaftlichen und politischen Leistungen gutschreiben können.

2. Recht ohne Rechtssystem

In keinem anderen Bereich des öffentlichen Lebens unterscheidet sich England so grundsätzlich von Deutschland und dem europäischen Kontinent wie im Rechtswesen. Das deutsche Recht ist eine strenge, systematische Ordnung, in der Einzelgesetze aus übergeordneten Verfassungsgrundsätzen abgeleitet sind und alle Gesetze kodifiziert in Gesetzbüchern vorliegen. Wer mit dieser Rechtsvorstellung im Kopf das englische System betrachtet, wird zunächst überrascht sein zu erfahren, daß es dort weder ein Bürgerliches noch ein Strafgesetzbuch gibt. Statt dessen gibt es annähernd 400.000 Urteile der höheren Gerichte, die als Präzedenzfälle *(precedents)* Rechtskraft besitzen. Diese Richtersprüche wurden aus drei Rechtsquellen geschöpft, deren älteste ein ungeschriebenes Gewohnheitsrecht, das sogenannte *common law,* ist. Die zweite ist das später hinzugekommene Billigkeitsrecht und die dritte das vom Gesetzgeber erlassene *statute law,* das auf die gleiche Weise zustande kommt wie deutsche Gesetze. Aber auch dieses in Gesetzestexten niedergelegte Recht ist nur jeweils für Spezialbereiche kodifiziert, ohne daß ein Gesamtsystem erkennbar wird. Das *statute law* ist heutzutage zweifellos die am stärksten sprudelnde Rechtsquelle. Und die Tendenz zur Kodifizierung wird unter dem Druck der zunehmenden internationalen Verflechtung immer stärker, so daß inzwischen für viele Bereiche Gesetzeswerke vorliegen, die eine gewisse Systematik erkennen lassen. Aber dennoch besteht das ungeschriebene *common law* mit unverminderter Gesetzeskraft fort, und die 400.000 Präzedenzfälle werden bald auf eine halbe Million angewachsen sein, ohne daß bisher ein ernsthafter Versuch gemacht wurde, diesen historisch gewachsenen Gesetzesdschungel in eine wohlgeordnete Plantage umzuwandeln.

Um das englische Recht zu verstehen, muß man sich zuerst einmal klarmachen, welche Prinzipien ihm zugrunde liegen. Eine Rechtsordnung hat grundsätzlich zwei Funktionen. In der synchronen Dimension, also quer zur Zeit, hat sie die Aufgabe, zwischen den Individuen einer Rechtsgemeinschaft einen Ausgleich der Interessen herzustellen, der möglichst von allen als gerecht oder – wie Juristen sagen – als billig empfunden wird. Billigkeit ist demnach das leitende Prinzip dieser Ausgleichsfunktion. In der diachronen, also historischen Dimension hat die Rechtsordnung die Aufgabe, jedem Angehörigen der Rechtsgemeinschaft die Sicherheit zu geben, daß zum Beispiel ein vor Jahren geschlossener Vertrag heute noch gültig ist und ein heute geschlossener noch in zwanzig Jahren gelten wird, wenn diese

Geltungsdauer in ihm festgelegt ist, und zwar auch dann, wenn der Vertrag inzwischen als unbillig empfunden werden sollte. In der diachronen Dimension gilt also nicht das Prinzip der Billigkeit, sondern das der Rechtmäßigkeit. Man kann das Zusammenwirken dieser beiden Prinzipien mit dem Bild des Teppichwebens illustrieren. Der längs verlaufende Kettfaden ist das Rechtmäßigkeitsprinzip, er gibt dem Teppich seine Festigkeit. Der quer verlaufende Schußfaden, das Billigkeitsprinzip, sorgt dafür, daß der Teppich dem Betrachter gefällt. Im deutschen Recht, das dem Modell des systematisch aufgebauten römischen Rechts folgt, sind die beiden Fundamentalprinzipien in eine einzige Ordnung eingearbeitet, und sie werden in Gesetzesnovellierungen immer wieder neu zur Geltung gebracht. Das englische *common law* geht nicht auf das römische Recht, sondern auf ein allgemein im Lande praktiziertes ungeschriebenes Gewohnheitsrecht zurück. *Law* hängt etymologisch mit ‚legen' zusammen und bedeutet soviel wie ‚das Niedergelegte'. Die diachrone Fortdauer des *common law* orientiert sich grundsätzlich am Rechtmäßigkeitsprinzip. Im Mittelalter wurde dieses Recht lange Zeit unverändert angewendet und in eine wachsende Zahl von Präzedenzfällen überführt, die das Recht im Rahmen des Möglichen an das jeweils aktuelle Rechtsempfinden anpaßten. Da aber die Präzedenzfälle selber Rechtskraft hatten, waren der Anpassung enge Grenzen gesetzt. So kam es sehr bald dazu, daß im Namen des Königs Urteile gefällt wurden, die nicht mehr dem Rechtsempfinden entsprachen und es in zunehmendem Maß sogar verletzten. Deshalb sah sich der König – sei es aus christlichem Ethos, sei es aus Gründen politischer Zweckmäßigkeit – genötigt, einzugreifen und die Rechtsprechung so zu korrigieren, daß sie nicht nur als rechtmäßig, sondern auch als billig empfunden wurde. Zuständig dafür war der höchste königliche Amtsträger, der Lordkanzler, der auf Antrag einer rechtsuchenden Partei einen ungerechten Richterspruch nach dem Billigkeitsprinzip korrigieren konnte. Er wurde in dieser Funktion als der „Bewahrer des königlichen Gewissens" verstanden. Da die Lordkanzler im Mittelalter nahezu ausnahmslos hohe kirchliche Würdenträger waren, die das Kirchenrecht und damit das römische Recht studiert hatten, flossen auf diese Weise Elemente des letzteren in das englische Recht ein. Das vom Kanzleigerichtshof gesprochene Recht wurde aber von den Juristen nicht als *law* bezeichnet, sondern als *equity* (Billigkeit). Und noch heute werden die beiden Begriffe in der Fachsprache so gebraucht, daß *law* sich auf das *common law* bezieht, während *equity* das Billigkeitsrecht meint, das über viele Jahrhunderte hinweg ausschließlich vom Kanzleigerichtshof angewendet wurde. Auch dieser Gerichtshof sammelte seine Präzedenzfälle und gab ihnen Rechtskraft. So entwickelten sich seit dem Spätmittelalter zwei völlig getrennte Rechtssysteme, die bald nichts mehr miteinander gemein hatten und sich schließlich sogar befehdeten. Kette und Schuß waren damit in der englischen Rechtsordnung nicht mehr in einen einzigen Teppich eingewebt, sie existierten nebeneinander her.

Im Laufe der Jahrhunderte wurde die Rechtssuche für den Bürger immer zeitraubender, kostspieliger und oft sogar unmöglich. Während das *common law* an seiner zunehmenden Verkrustung litt, war das *equity*-Recht der Gefahr der Willkür ausgesetzt. Im 17. Jahrhundert ging der Satz um, das Maß für die Billigkeit „sei die Schuhgröße des Lordkanzlers". Zu welchen Wucherungen und Ausuferungen diese Mißstände führten, zeigen die absurden Fiktionen, mit denen man sich behelfen mußte. Manche Rechtsfälle, vor allem bei Grundstücksstreitigkeiten, konnten nur dadurch entschieden werden, daß sich beide Parteien zuvor auf eine Fiktion verständigten, in der zwei nicht existente Personen, John Doe und Richard Roe, ein dem strittigen Fall vorausgegangenes rein fiktives Rechtsgeschäft getätigt hatten. England quälte sich bis in die Mitte des 19. Jahrhunderts mit diesen beiden konkurrierenden Rechtssystemen ab. Erst im Jahre 1874 gelang es, die beiden Systeme unter einem Dach zusammenzufassen. Es blieb aber bei einer organisatorischen Zusammenfassung, der keine systematische Vereinheitlichung entsprach. Deshalb spricht man noch heute von *law* und *equity* und meint damit zwei verschiedene Rechtskorpora.

Der hier geschilderte Unterschied zwischen englischem und kontinentalem Recht betrifft zunächst nur das Recht als solches.

Zwei weitere Unterschiede betreffen vor allem die konkrete Rechtsprechung. Das für England charakteristische Fallrecht (*case law*) ist indirekt bereits erwähnt worden. Da Entscheidungen der oberen Gerichte zu *precedents* werden, hat der englische Richter als Rechtsschöpfer einen deutlich anderen und höheren Status als der deutsche, was sich in einer entsprechend hohen Besoldung ausdrückt. Anders als deutsche Richter, die gewöhnlich von ihrem Assessorexamen an als Richter tätig sind, werden englische Richter aus dem Anwaltsstand berufen. Die höchsten Richter waren allesamt viele Jahre lang erfolgreiche Anwälte. An dieser Stelle muß ein weiteres Kuriosum des englischen Systems erwähnt werden. Es gibt dort zwei sehr unterschiedliche Kategorien von Anwälten. *Solicitors*, die ein Jurastudium an einer Universität absolviert haben müssen, erledigen die üblichen Anwalts- und Notariatsgeschäfte mit Ausnahme der Vertretung ihrer Parteien vor den oberen Gerichten. Dort vor der Schranke (*bar*) darf nur der *barrister* erscheinen, der selber wiederum nicht mit den Parteien, sondern nur mit den *solicitors* verhandelt. Ein *barrister* muß eine Art Lehrlingsausbildung an einer der vier traditionsreichen Londoner Rechtsschulen absolvieren, die auf ihrem Felde einen ähnlichen Status haben wie Oxford und Cambridge auf akademischem Gebiet. Erfolgreiche *barristers* werden nach einer bestimmten Zeit zu *Queen's Counsels* ernannt und dürfen ihren schwarzen Baumwollgown gegen einen aus Seide eintauschen, was als *taking silk* bezeichnet wird. Aus dem Kreis dieser Seidenträger werden alle Richter der obersten Gerichte berufen. Dieses eigentümliche Verfahren der Richterauswahl garantiert, daß alle Richter mit der komplizierten Materie des englischen Fallrechts bestens vertraut sind und daß sie die andere Seite der *bar* ebenfalls aus langjähriger Erfahrung kennen.

Die zweite Besonderheit der englischen Rechtsprechung ist die starke Beteiligung von Laien. Bei allen Strafprozessen oberhalb der lokalen Magistrates' Courts sind Laien als Mitglieder einer Jury beteiligt, die ein gewichtiges Wort mitzureden haben. Noch vor wenigen Jahren mußte die zwölfköpfige Jury einen einstimmigen Schuldspruch fällen, bevor ein Angeklagter verurteilt werden konnte. Heute genügt eine qualifizierte Mehrheit, die aber erheblich über der einfachen Mehrheit liegt. Noch wichtiger als bei den Geschworenen ist das Laienelement bei den sogenannten *magistrates*, die man früher Friedensrichter nannte. Die gesamte niedere Gerichtsbarkeit liegt in den Händen dieser Laienrichter, die, unterstützt durch ausgebildete Juristen, volle richterliche Gewalt haben. Das bedeutet, daß in England den ca. 18.000 deutschen Richtern nur ungefähr 500 Berufsrichter gegenüberstehen, zu denen noch einmal etwa ebensoviele als Teilzeitrichter berufene Anwälte hinzukommen. Die übrige Rechtsprechung, bei Strafsachen rund 97 Prozent, wird von annähernd 28.000 Laienrichtern ausgeübt.

Was ist nun in dem bisher Ausgeführten das typisch Englische? Die Frage müßte eigentlich umgekehrt gestellt werden; denn mit hoher Wahrscheinlichkeit ist das Rechtssystem nicht Ausdruck englischen Wesens, vielmehr hat es dieses Wesen entscheidend mitgeprägt. Daß England seine Rechtsordnung nicht auf das römische Recht, sondern auf das heimische Gewohnheitsrecht gründete, hatte nichts mit der Mentalität des Volkes zu tun. Wilhelm der Eroberer war als kluger Machtpolitiker an einer möglichst schnellen Befriedung des Landes interessiert, und so ließ er das vorgefundene Recht weitgehend unverändert fortbestehen. Und danach gab es in England keinen Umbruch mehr, der Gelegenheit geboten hätte, das Recht so radikal zu reformieren, wie es Napoleon in Frankreich und das Deutsche Reich nach der Reichsgründung 1871 taten. Da nun also das englische Fallrecht und die Laienrechtsprechung Jahrhunderte hindurch ungebrochen praktiziert wurden, sind die beiden heute als typisch englisch empfundenen Merkmale, nämlich das empiristische Interesse am Einzelfall und das demokratische Interesse an der Mitgestaltung des Gemeinwesens, dadurch sicherlich entscheidend mitgeprägt worden. Das *common law* erwies sich in der Zeit des Konflikts zwischen Krone und Parlament geradezu als das Bollwerk der bürgerlichen Freiheiten und damit als die stärkste Wurzel der englischen Demokratie. Das *case law*-Denken hat andererseits die Abneigung gegenüber strengen Systematiken verstärkt und damit die Fähigkeit zu pragmatischen Lösungen befördert. Als zum Beispiel in Deutschland neue Universitäten gegründet und die alten reformiert werden sollten, mußte in langwieriger parlamentarischer Arbeit erst einmal ein Hochschulrahmengesetz entworfen und dieses in Länderhochschulgesetze umgesetzt werden. ‚Legalistisch' nennt man dieses Verfahren; und da die deutsche Politik überwiegend in den Händen von Juristen liegt, ist unser ganzes politisches Denken und Handeln legalistisch geprägt. Die angeblich so konservativen Engländer haben in der gleichen Zeit ohne irgendwelche Rahmengesetze neue Universitäten gegründet und haben in ihnen unterschiedliche Modelle ausprobiert, ohne daß dafür erst spezielle rechtliche Voraussetzungen geschaffen werden mußten. Das legalistische Denken in Deutschland und das *case law*-Prinzip in England sind wahrscheinlich die tiefsten Ursachen für die auffälligen Unterschiede zwischen den beiden Völkern. Daß Deutsche immer erst nach einer grundsätzlichen Klärung verlangen, was ihnen den Ruf der Gründlichkeit eingebracht hat, während Engländer sich mit dem *muddling through*, dem Durchwursteln, begnügen – von Karl Popper philosophisch als *piecemeal engineering* bezeichnet –, rührt vermutlich von diesem unsichtbaren Grundgewebe her, das die unterschiedlichen Rechtsordnungen in die „Teppiche" der beiden Gesellschaften eingewoben haben. Das erklärt übrigens auch, weshalb diese nationalen Eigentümlichkeiten genauso alt sind wie die jeweiligen Rechtsordnungen. Der englische Hang zum Empirismus und zum freiheitlichen Parlamentarismus läuft seit gut sieben Jahrhunderten parallel zu der ungebrochenen Tradition des englischen Rechts, während der deutsche Hang zu philosophischer und wissenschaftlicher Systematik und Gründlichkeit erst in der Aufklärung entstand, als mit dem preußischen Landrecht die systematische Fundierung der Rechtsordnung begann. Welche Gipfelleistungen der Systematisierung das deutsche Recht gegen Ende des 19. Jahrhunderts erreichte, läßt sich daran ermessen, daß andere Länder das deutsche Bürgerliche Gesetzbuch mit geringen Abwandlungen übernahmen, wobei die fixen Japaner das deutsche BGB noch vor den Deutschen selber in Kraft setzten.

3. Konstitutionelle Monarchie ohne Verfassung

England hat seit 1066 eine zentralistische Monarchie, die sich mit einer kurzen Unterbrechung von elf Jahren bis auf den heutigen Tag gehalten hat. Es hat darüber hinaus ein nur gut zwei Jahrhunderte jüngeres Parlament, das ebenfalls auf eine ununterbrochene Tradition zurückschauen kann. Und schließlich hat es mit der Magna Charta von 1215 das älteste Verfassungsdokument der westlichen Welt, dem heute noch Rechtskraft beigemessen wird. Ein Staatswesen mit so dauerhafter Tradition muß auf eine sehr stabile Weise verfaßt sein. Und doch hat England keine Verfassung. Jedenfalls nicht im Sinne eines Grundgesetzes, das aller anderen Gesetzgebung vor- und übergeordnet ist. Versteht man unter Verfassung allerdings ein System von Grundsätzen und Normen, das dem Gemeinwesen wie ein Skelett eingezogen ist, so hat England zweifellos ein solches, und noch dazu ein sehr stabiles, wie die oben genannten Tatsachen belegen. Doch auch dies muß sogleich wieder eingeschränkt werden. Es gibt in England kein einziges Gesetz, das nicht mit einfacher Mehrheit durch das Parlament geändert oder abgeschafft werden kann. Und da das Unterhaus bei vierzig anwesenden Mitgliedern beschlußfähig ist, könnten theoretisch mit einer Mehrheit von einundzwanzig zu neunzehn Stimmen selbst solche Grundrechte abgeschafft werden, die in Deutschland nicht einmal mit einer Zweidrittelmehrheit, sondern überhaupt nicht geändert werden dürfen. Bedenkt man dann noch, daß bei dem englischen Mehrheitswahlrecht oft schon 40 Prozent der Stimmen für eine satte Mehrheit ausreichen und daß dies bei einer Wahlbeteiligung von 65 Prozent nur 26 Prozent der Wahlberechtigten ausmacht, dann scheint das Wohl und Wehe des Staates am seidenen Faden von Zufallsmehrheiten zu hängen. Trotzdem ist eine den Staat umstürzende Entscheidung bisher noch nie gefallen. Wir Deutsche wären sicher sehr beunruhigt, wenn der Bundestag mit einfacher Mehrheit Grundrechte abschaffen könnte. Engländer scheint das kaltzulassen. Was uns allerdings noch mehr irritieren würde als die theoretische Möglichkeit einer solchen Entscheidung ist der Umstand, daß dergleichen Fälle selbst in der Theorie nicht eindeutig geregelt sind. Nach englischem Verständnis bilden Oberhaus, Unterhaus und Krone eine verfassungsmäßige Einheit. Wenn nun das Unterhaus mit einfacher Mehrheit die Abschaffung der Monarchie beschlösse, könnte das Oberhaus ein aufschiebendes Veto einlegen. Nach einem Jahr würde das Unterhaus seinen Beschluß wiederholen, und das Gesetz müßte der Königin zur Unterschrift vorgelegt werden. Was aber, wenn sie nicht unterschreibt? Verfassungstheoretiker meinen, sie müßte; doch zwingt kein Gesetz sie dazu, sondern nur eine seit 1707 nicht mehr durchbrochene Regel.

Einen einzigen Grundsatz haben Verfassungstheoretiker bisher als so fundamental herausgearbeitet, daß er mit dem Teil des deutschen Grundgesetzes vergleichbar ist, der überhaupt nicht geändert werden kann, das Prinzip des *Rule of Law*. Es besagt, daß nichts ohne rechtliche Grundlage geschehen darf. Damit ist als unveränderliche Verfassungsnorm die Rechtsstaatlichkeit festgelegt. Aber auch dieser Grundsatz steht auf keinem Papier und ist niemals von einem verfassungsgebenden Organ beschlossen worden. Auf diesem Grundsatz ruhen einige historisch bedeutungsvolle Gesetze, die allein durch ihr Alter und durch ihre weitreichende Wirkung Quasi-Verfassungscharakter angenonmmen haben, obgleich auch sie mit einfacher Mehrheit aufgehoben werden können. Das älteste und ehrwürdigste davon ist die schon mehrfach erwähnte Magna Charta. Ein weiteres Dokument ist die Bill of Rights von 1689, die Wilhelm von Oranien und seine Mitregentin Maria unterschreiben mußten, als sie den Thron des verjagten Jakob II. bestiegen. Hier nimmt zum ersten Mal die konstitutionelle Monarchie Gestalt an; denn darin verzichtet der Souverän auf die vier klassischen Prärogativrechte: die *suspending power* (das Recht, Gesetze aufzuheben), die *dispensing power* (das Recht, Einzelpersonen von den Gesetzen auszunehmen), das Recht auf *arbitrary taxation* (willkürliche Steuererhebung) und das Recht, eine *standing army* (ein stehendes Heer) zu unterhalten. Damit war die Krone gewissermaßen unter Kuratel gestellt. Ein anderes Gesetz von

Verfassungsrang war kurz zuvor bereits mit der Habeas Corpus-Akte erlassen worden. In ihr wird endgültig ein vorher schon mehrfach anerkanntes und wieder aufgegebenes Grundrecht formuliert, daß nämlich niemand über eine bestimmte Zeit hinaus in Haft genommen werden darf, ohne einem Richter vorgeführt worden zu sein. Im 19. Jahrhundert beseitigte dann die Reform Bill von 1832 den Skandal der *rotten boroughs.* Das waren winzige Gemeinden, die auf Grund eines Stadtbriefs aus dem Mittelalter immer noch zwei Abgeordnete ins Parlament schicken durften, während große Industriestädte nicht vertreten waren. Zwei weitere Reform Bills, die den Prozeß der Wahlrechtsreform fortsetzten, folgten 1867 und 1884. Eine noch einschneidendere Demokratisierungsmaßnahme erfolgte 1911, als im sogenannten *Parliament Act* die Macht des Oberhauses gebrochen wurde. Es hat seitdem in der allgemeinen Gesetzgebung nur noch ein aufschiebendes Veto und bei sogenannten *money bills*, also ausgabenwirksamen Gesetzen, nicht einmal dies. Um diese bisher genannten Grundpfeiler der englischen Verfassung ranken sich weitere, z. T. ehrwürdige Gesetze, die ebenfalls dazu beigetragen haben, dem langsam wachsenden parlamentarisch-demokratischen Regierungs- und Rechtssystem ein stabiles Gerüst zu geben. Aber es muß noch einmal gesagt werden, daß jede einzelne Strebe und selbst die Grundpfeiler durch einfachen Mehrheitsbeschluß des Parlaments entfernt oder ausgetauscht werden können.

Wie ist es möglich, daß ein politisches Gemeinwesen trotz eines so verletzlichen Skeletts so stabil sein kann? Liegt es an der größeren Besonnenheit der Engländer? Wer aus der Geschichte weiß, wie oft der berüchtigte Londoner Pöbel aus nichtigem Anlaß gegen die Obrigkeit aufstand, wird an die größere Besonnenheit kaum glauben können. Verfassungen im modernen Sinne sind Erfindungen der Aufklärung. England hat aber mit dem Aufbau seines parlamentarischen Systems lange vor der Aufklärung begonnen. Deshalb konnte es sich nicht das Gerüst von rationalen Grundsätzen geben, auf denen die modernen Verfassungen ruhen. Es mußte sich auf die traditionellen Stabilisatoren verlassen, die vom Mittelalter bis zum Beginn der Aufklärung dem Staatswesen Halt gaben, und das waren Symbole. Das zentrale Symbol war und ist natürlich die Krone. An Shakespeares Königsdramen können wir ablesen, welche Bedeutung das Problem der Legitimität des Königtums zur damaligen Zeit hatte. Dort wird mit einer fast systematischen Konsequenz die Frage durchgespielt, wann ein König gut ist, wann er so schlecht ist, daß man ihn stürzen darf, und welche Zweifelsfälle dazwischen liegen. Symbol des Königsamtes war dabei jedesmal die Krone, und sie ist dies noch heute. Eng verbunden mit der Krone sind weitere Symbole, die für spezielle Bereiche die gleiche Funktion erfüllten, so zum Beispiel das *mace*, eine vergoldete Keule, die die Autorität des *speakers* im Unterhaus verkörpert, und der Wollsack, auf dem der Lordkanzler im Oberhaus thront.

Das gesamte System dieser Symbole und Rituale bildet zusammen ein Gerüst, das dem Gemeinwesen unabhängig von den individuellen Inhabern der Macht die gleiche dauerhafte Stabilität gibt, die anderswo seit der Aufklärung von den geschriebenen Verfassungen ausgeht. Dies ist der Grund, weshalb sich England so fest daran klammert. Die Engländer haben oft genug bewiesen, daß sie bei der gewöhnlichen Gesetzgebung schneller zu einer tief einschneidenden Veränderung kommen können als die Deutschen. Aber wenn es um das Abschneiden auch nur eines ihrer vermeintlichen Zöpfe geht, werden sie sich mit allen Mitteln dagegen wehren. Verstaatlichung und Reprivatisierung von Großunternehmen mögen sich in schnellem Wechsel ablösen, ohne daß sich der Unmut des Volkes regt. Doch wenn eins der ehrwürdigen Rituale aufgegeben werden soll, gibt es Protest. Und das mit Recht; denn solange England keine geschriebene Verfassung hat, die das tragende Gerüst des Staates dem Zugriff einfacher Mehrheitsentscheidungen im Parlament entzieht, solange braucht es den tabuisierenden Bann, der von den Symbolen und Ritualen ausgeht. Sie stellen in ihrer Gesamtheit eine Verfassung dar, die nicht real als gesetztes Recht, sondern virtuell im Bewußtsein des Volkes existiert.

4. Staat ohne Staatsbegriff

Die aus deutscher Sicht wohl auffälligste Leerstelle im Ideenhaushalt des englischen Bewußtseins ist das nahezu völlige Fehlen eines ideologisch besetzten Staatsbegriffs. Natürlich gibt es das Wort *state*; und was es bezeichnet, ist die gleiche politische und rechtliche Organisationsform einer Gesellschaft, die wir unter dem deutschen Wort ‚Staat' verstehen. Während aber im Englischen der Begriff nicht mehr Gewicht hat als das Wort *government*, bedeutet der deutsche Begriff etwas, das in der nationalen Wertehierarchie hoch über dem Begriff ‚Regierung' steht und die Begriffe ‚Gesellschaft' und ‚Nation' einschließt. Zumindest war das, so muß man einschränken, bis in die 60er Jahre der Fall. Aus englischer Sicht erscheinen die Deutschen weiterhin als ein staatshöriges Volk. Schon die geläufige Wendung „Vater Staat" ist für einen Engländer gefühlsmäßig kaum nachzuvollziehen. Wie sehr ein Deutscher auch über seinen Staat schimpfen mag, er setzt dennoch als selbstverständlich voraus, daß der Staat wie ein strenger Vater stark, gerecht und fürsorglich sein soll, so daß der Bürger ihm rückhaltlos vertrauen kann. Ein Engländer bringt seinem Staat kein solches Vertrauen entgegen. Im Gegenteil, dem Staat gegenüber ist er mißtrauisch und möchte ihn nicht mit allzu viel Macht ausgestattet sehen. Schon bewaffnete Polizisten werden von der Bevölkerung mit Argwohn betrachtet. Der Staat ist für den Engländer eine notwendige Einrichtung, bei der man darauf zu achten hat, daß sie sich nicht verselbständigt und den Bürger unterjocht. Ganz anders in Deutschland. Hier wird dem Staat immer noch ein beträchtlicher Vertrauensvorschuß eingeräumt. Und wenn dieses Vertrauen enttäuscht wird, empfindet man dem Staat gegenüber einen persönlichen Groll, so, als sei man vom eigenen Vater ungerecht behandelt worden.

Die Wurzeln dieser unterschiedlichen Einstellungen gehen weit in die Geschichte zurück und lassen sich dort ziemlich genau lokalisieren. Zwischen dem Satz „L'État c'est moi", den Ludwig XIV. am 13.4.1655 gesagt haben soll, und dem Satz

„Der Fürst ist der erste Diener seines Staates", den Friedrich der Große 1777 zum sechsten Mal in einer seiner Schriften wiederholte, hat sich auf dem Kontinent die Geburt des modernen aufgeklärten Staatsbegriffs vollzogen. Dabei konkurrierten in Deutschland zunächst zwei Modelle: der universalistische, auf dem Naturrecht begründete Staatsbegriff, der von Bodin und Hobbes noch absolutistisch konzipiert war und der dann über Pufendorf, Montesquieu und Rousseau zur Vorstellung vom Gesellschaftsvertrag führte, und auf der anderen Seite der individualistische und organizistische Staatsbegriff, wie ihn vor allem Herder vertrat, der in jedem konkreten Staat eine organisch gewachsene historische Individualität sah. Beide Modelle wurden von Hegel zu einer einheitlichen Staatsphilosophie verschmolzen, die danach das deutsche Staatsdenken wesentlich bestimmt hat. Durch Hegel erhielt der Staat im deutschen Bewußtsein die Aura, höchste Verwirklichung der Sittlichkeit in der Welt der Erscheinungen zu sein. Selbst viele Deutsche, die nie eine Zeile von Hegel gelesen haben, tragen unbewußt etwas von diesem metaphysisch überhöhten Staatsbegriff in sich. Der Grund dafür ist nicht schwer zu erraten.

Das Fundamentalproblem, das jede Staatsverfassung zu lösen hat, ist die Stabilisierung von Herrschaft bei gleichzeitigem Schutz der Beherrschten gegenüber den Herrschenden. In England hat es für dieses Problem spätestens seit 1295 eine institutionalisierte Lösung gegeben, das Parlament. Mit Ausnahme weniger Jahre hat es in den sieben Jahrhunderten seines Bestehens immer als Puffer zwischen den Herrschenden und den Beherrschten fungiert. In Deutschland dagegen waren die parlamentarischen Ansätze des mittelalterlichen Reichstags verkümmert und schließlich ganz dem Regime absolutistischer Herrschaft gewichen. Als dann im 18. Jahrhundert die Intellektuellen unter dem Banner der Aufklärung nach Möglichkeiten suchten, wie sich das absolutistische Joch abschütteln ließe, konnten sie auf kein parlamentarisches Modell zurückgreifen. So sahen sie die Lösung in einem auf universalen Rechtsprinzipien begründeten Staat, der nicht mehr wie zu Zeiten Ludwigs XIV. mit dem Herrscher identisch war, sondern dem dieser als erster Diener genauso unterworfen war wie jeder andere Bürger. Und damit dieser Staat sich als unanfechtbare Autorität selbst gegenüber dem Herrscher behaupten konnte, mußte er durch letzte metaphysische Prinzipien, und das heißt quasi-religiös, legitimiert sein. Nicht Staatshörigkeit war es, was die Deutschen zu ihrer metaphysischen Überhöhung des Staates brachte, sondern das Verlangen, die Willkür der Herrschenden durch ein allgemeines Normensystem dauerhaft unter Kontrolle zu bringen. Dieses als Staat bezeichnete System ist seitdem ein spezifisch deutsches Ideologem geblieben, auch wenn es nach dem letzten Krieg unter dem Einfluß der zunehmenden Verwestlichung mehr und mehr dem angelsächsischen Modell gewichen ist.

England war in der glücklichen Lage, eines solchen ideologisierten Staatsbegriffs nicht zu bedürfen. Es hatte sein Parlament, das selbst dann noch ein Bollwerk gegen die Willkür der Herrschenden blieb, als – wie im 18. Jahrhundert – Parlamentssitze käuflich waren und parlamentarische Mehrheiten mehr um den Vorteil ihrer Parteigänger als um das Wohl des Volkes besorgt waren. Nur während eines kurzen Zeitraums innerhalb der englischen Geschichte gab es Grund, sich einen starken Staat zu wünschen. Das war die Zeit, als das Parlament sich gegen den legitimen König Karl I. erhob, ihn absetzte und exekutierte und anschließend anfing, sich selbst zu zerfleischen. Thomas Hobbes, einer der scharfsinnigsten politischen Denker, sah das Unheil heraufziehen und schrieb seinen *Leviathan*. In diesem Buch, das neben Macchiavellis *Il Principe* zu den grundlegenden Werken der modernen Staatstheorie zählt, entwirft er ein rational begründetes und in sich schlüssiges Modell eines autoritären Staates. Daß jetzt auf einmal ein freiheitsliebender Brite sich für eine Staatsform ausspricht, in der jedes Individuum seine Souveränität unwiderruflich an einen einzigen Souverän abtritt und ihn mit uneingeschränkter Macht ausstattet, ist angesichts der Zeitumstände nicht verwunderlich. Hobbes schrieb sein Buch unter dem Eindruck des englischen Bürgerkriegs, der in ihm die Furcht weckte, das Chaos jenes Urzustands könne wiedererstehen, den er als „Krieg aller gegen alle" definierte. Angesichts dieser Gefahr entschied er sich für die autoritäre Lösung, die viel eher dem absolutistischen Denken auf dem Kontinent als der parlamentarischen Tradition Englands entsprungen zu sein scheint.

Als 1660 das Experiment der Cromwellschen Republik gescheitert war, trat der zweite, noch weit einflußreichere englische Staatstheoretiker auf den Plan, John Locke. Auch er hatte das Chaos miterlebt und machte sich unverzüglich daran, zwei Traktate über das Regieren zu schreiben, denen ebenfalls ein autoritäres Staatsmodell zugrunde lag. Diese *Two Tracts on Government* sind selbst bei Politologen weitgehend unbekannt, da Locke sie schon bald nach der Niederschrift unterdrückte. Sie sind erst in unserem Jahrhundert wieder ans Licht gekommen. Locke hatte bald erkannt, daß die Wunden des Bürgerkriegs rasch verheilten, während auf der anderen Seite plötzlich die Gefahr eines autoritären Regimes heraufzog, als nämlich Jakob II., für dessen Ausschluß von der Thronfolge die Whigs im Parlament vergeblich gestritten hatten, Anstalten machte, sein Regime mehr und mehr an den absolutistischen Vorbildern des Kontinents zu orientieren. Jetzt sah Locke, wo die wirkliche Gefahr lag, und schrieb seine berühmten *Two Treatises of Government*, die in die Fundamente vieler moderner Staatsverfassungen, vor allem der amerikanischen, eingegangen sind. Hier sind die autoritären Elemente restlos getilgt, und es wird das Konzept eines auf Gewaltenteilung begründeten und damit in seiner Macht eingeschränkten Staates entworfen. Seitdem gilt Locke als der Ahnherr des aufgeklärten westlichen Staatsbegriffs, der dem Staat nur noch eine dienende Funktion einräumt. Bezeichnend ist, daß er als Hauptfunktion des Staats nicht mehr wie Hobbes den persönlichen Schutz des Menschen vor den Mitmenschen, sondern den Schutz des Privateigentums ansah. England war nach der Vertreibung Jakobs durch die Glorreiche Revolution eine konsolidierte Gesellschaft von Bürgern geworden, die sich einen schwachen Staat leisten konnte, der schon die Züge des späteren liberalen Nachtwächterstaats trägt.

Lockes persönliche Kehrtwendung ist ein typisches Beispiel dafür, wie eine Theorie, die eigentlich objektive Wahrheit für sich beansprucht, in Wirklichkeit der ideologischen Rechtfertigung eines historisch bedingten Interesses entspringt. Es ist bezeichnend, daß Hobbes, der erste bedeutende Staatstheoretiker Englands, in seinem Lande kaum Wirkung hatte, außer daß er immer wieder als Buhmann und Schreckgespenst herhalten mußte. Ganz anders war seine Wirkungsgeschichte auf dem Kontinent, und hier vor allem in Deutschland. Wer sich im nationalen Interesse einen starken Staat wünschte, der mußte in Hobbes seinen ältesten und gewichtigsten Verbündeten sehen. So hat in unserem Jahrhundert der umstrittene Staatsrechtler Carl Schmitt an Hobbes angeknüpft und eine Staatstheorie entworfen, die in gefährlicher Nähe zum Faschismus stand und die ideologisch genauso motiviert war wie bei Hobbes. Auch Schmitt hatte das Chaos vor Augen, nämlich den Ersten Weltkrieg, und er entwarf seine Theorie wie Hobbes zu dem Zweck, dem erneuten Rückfall ins nationale Chaos zu wehren, was freilich nicht verhindert hat, daß er wie viele andere zu einem der geistigen Väter der neuen Barbarei wurde.

Nach Locke hat es in England keine Staatstheorie mehr gegeben, die diese Bezeichnung verdient. Die Staatsverfassung war für englische Denker kein Problem mehr. Statt dessen untersuchten sie wie Adam Smith die Wirtschaftsform der Gesellschaft oder wie Bentham, John Stuart Mill und Herbert Spencer die Gesellschaft selbst. Der letztgenannte veröffentlichte 1884 sogar eine Schrift, die bereits im Titel den Staat als Gegner des Menschen bezeichnet: *Man versus the State.* Während in Deutschland das Staatsdenken in die Metaphysik einmündete, ging es in England in der Ökonomie und der Soziologie auf. Das Fehlen eines theoretisch fundierten Staatsbegriffs wurde in England nur von wenigen als ein Mangel empfunden. Zu diesen gehörte Matthew Arnold, mit dem wir uns am Schluß des Buches noch näher befassen wollen. Am auffälligsten zeigt sich der Mangel im englischen Rechtssystem. Der Teil des Rechts, der den Staat als handelndes Subjekt voraussetzt, nämlich das Verwaltungsrecht, blieb dort lange Zeit unterentwickelt. Für den Bürger konnte das zum Beispiel bedeuten, daß er für einen Schaden, den ihm ein Staatsbediensteter zugefügt hatte, keine

Entschädigung bekam, da er sie von dem betreffenden Staatsdiener auf dem Wege der Privatklage hätte eintreiben müssen. Noch heute zeigt sich im englischen Recht in vielfältiger Form, daß die Vorstellung eines Staates als Rechtssubjekt theoretisch schwach entwickelt ist. So werden zum Beispiel Strafverfahren auf der unteren Ebene formal wie Privatklagen durchgeführt, wobei der Polizist, der einen Delinquenten ertappt hat, als Kläger auftritt. Ein anderes Beispiel für das englische Mißtrauen gegenüber dem Staat ist die Tatsache, daß dort die Armee seit der Glorreichen Revolution einer alljährlichen Neubewilligung durch das Parlament bedarf, weil sie in der Hand der Regierung zu einem Machtinstrument gegen das Volk werden kann. Für die Marine, die ausschließlich dem Schutz der heimatlichen Insel dient, gibt es keine solche Einschränkung. Weitere Beispiele sind das Fehlen der polizeilichen Meldepflicht, die geringe Zahl von Staatsbeamten und die fehlende Bewaffnung der Polizisten.

5. Klassengesellschaft ohne Klassenschranken

Die heutige englische Gesellschaft wird oft als *class-ridden* bezeichnet, was heißen soll, daß sie in ihren alltäglichsten Erscheinungsformen vom Klassendenken beherrscht wird. Daß sowohl die Klassenzugehörigkeit des einzelnen Bürgers als auch die Klassenschichtung der Gesellschaft im Ganzen in England bewußter als in jedem anderen westlichen Land wahrgenommen wird, hat zwei Ursachen. Zum einen liegt es daran, daß fast jeder Bürger ein untrügliches und nur schwer abzulegendes Kennzeichen seiner Klassenzugehörigkeit an sich hat, nämlich seinen Akzent. In Deutschland gibt der Dialekt eines Menschen nur dessen regionale Herkunft zu erkennen. Er sagt nichts über die Klassenzugehörigkeit aus. Selbst der Berliner Dialekt, der am ehesten als ein Soziolekt der Unterschicht empfunden wird, ist für den gesellschaftlichen Aufstieg in Politik und Wirtschaft kein Hindernis, auch wenn er bei konservativen Bildungsbürgern ein Naserümpfen hervorruft. In England dagegen tragen alle Dialekte und am meisten der Londoner Stadtslang, das

Cockney, ein Unterschichtsstigma. Von dieser Stigmatisierung werden dank einer sehr bewußten Sprachenpolitik der BBC nur die nationalen Akzente der Schotten, der Waliser und der Nordiren ausgenommen. Wem es nicht gelingt, den heimatlichen Akzent abzulegen, der muß mit spürbaren Nachteilen beim gesellschaftlichen Aufstieg rechnen, selbst wenn er die Universität in Oxford besucht hat. Sollte er es allerdings bis dorthin geschafft haben, dann wird es ihm in der Regel auch gelungen sein, den heimatlichen Dialekt gegen den berühmten Oxfordakzent einzutauschen, der seit Jahrhunderten das hörbare Zeichen dafür ist, daß man zur Elite gehört.

Die zweite Ursache für die Allgegenwart des Klassenbewußtseins ist, daß sich an der heutigen englischen Gesellschaft noch immer die alte Schichtung ablesen läßt, die sich in der Feudalzeit ausgebildet hat. Der Einfachheit halber sei sie hier als Schema dargestellt:

Krone

Hochadel *(nobility)* mit folgenden Rängen:
- Duke (Herzog)
- Marquis (Markgraf)
- Earl (Graf)
- Viscount (Vizegraf)
- Baron (Baron oder Freiherr)

Niederer Adel *(gentry)* mit folgenden Rängen:
- Baronet (erblicher Ritterstand)
- Knight (ernannter Ritter)

freie Bürger und Bauern

Alle diese Ränge und Titel gibt es noch heute, wobei mit dem höheren Rang in der Regel nicht nur gesellschaftlicher Status, sondern auch ökonomische Macht und politischer Einfluß verbunden sind. Ursprünglich leitete sich die dargestellte Hierarchie aus dem Feudalsystem ab. Der König war der rechtmäßige Eigentümer des ganzen Landes. Zu ihm standen die Hochadligen als Kronvasallen in einem unmittelbaren Lehnsverhältnis. Diese wiederum waren Lehnsherren des niederen Adels, der seinerseits die Lehnsherrschaft über die Freibauern hatte. Darunter befand sich bis zum Ausgang des Mittelalters noch die allergrößte Bevölkerungsschicht, nämlich die der Leibeigenen, die das Land der Ritter bestellten und innerhalb der Dorfgemeinschaft an den Boden gebunden waren. Wir sagten bereits, daß die Leibeigenschaft in England schon im Hochmittelalter zu verschwinden begann. Als die Große Pest weite Landstriche entvölkert hatte, wurden die Arbeitskräfte auf dem Lande knapp, und gleichzeitig sank die Nachfrage nach Brotgetreide. Deshalb hatten die Grundherren kein ökonomisches Interesse mehr, die wenigen Leibeigenen zu einem Frondienst zu zwingen, für dessen Erträge es keinen Markt gab. So setzte sich der schon vorher begonnene Prozeß der Umwandlung von Frondiensten in Geldabgaben beschleunigt fort, so daß England schon im Spätmittelalter als erstes westliches Land keine Leibeigenen und im Grunde auch kein Feudalsystem mehr hatte. Die übrigen gesellschaftlichen Ränge blieben aber als soziale Statusgruppen bis heute erhalten.

Die zweite entscheidende Besonderheit des englischen Feudalsystems war, daß der Adel, anders als im übrigen Europa, keine abgeschlossene Kaste bildete, sondern zur nächstniedrigeren Schicht hin offen war. Den Titel erbte immer nur der älteste Sohn. Alle übrigen Nachkommen eines Adligen hatten den rechtlichen Status von Gemeinen. Das bedeutet, daß der englische Adelsstand eine sehr kleine Gruppe von Titelträgern umfaßte, die durch vielfältige verwandtschaftliche Beziehungen mit den Gemeinen verbunden waren. Sozial wurden zwar auch die jüngeren Söhne zum Adel gezählt, doch in zweiter und dritter Generation waren sie nur noch Angehörige des niederen Adels. Mit diesem verhielt es sich ganz genauso. Bis ins frühe 17. Jahrhundert war der *knight* (Ritter) der einzige Titel in dieser Schicht. Er war nicht erblich, sondern wurde an verdiente Mitglieder der Adelsschicht, in der Regel an die ältesten Söhne früherer Knights, verliehen. Erst 1611 schuf Jakob I. den erblichen Titel des *baronet*, den er zur Füllung seiner leeren Kasse an wohlhabende Knights verkaufte. Das Eigentümliche an dieser Hierarchie ist, daß das ständische Element darin von Anfang an nur schwach ausgeprägt war, während das Moment der sozialen Klassenzugehörigkeit eine viel stärkere Rolle spielte. Den rechtlichen Status der Gemeinen teilten sich Menschen aus drei sozialen Schichten: die jüngeren Söhne des Hochadels, die Angehörigen des niederen Adels und die freien Bürger und Bauern. Damit besaß England schon im Spätmittelalter eine ausgeprägte Dreiklassengesellschaft, in der die Grenzen zwischen den Klassen offen waren. Zwar war es nicht leicht, aus einer niederen Klasse aufzusteigen, aber da die unteren Klassen ständig durch die jüngeren Kinder der nächsthöheren Klasse aufgefüllt wurden, von denen dann einige beim Tod des Titelträgers durch Erbfolge wieder aufrückten, entwickelte sich kein rigider Kastengeist, sondern nur ein soziales Bewußtsein von Klassenzugehörigkeit, wobei eine scharfe Abgrenzung von der nächstniedrigeren Klasse wegen der verwandtschaftlichen Beziehungen zu ihr entfiel. Natürlich achtete die Oberschicht darauf, daß sich ihre Kinder möglichst nur mit Partnern gleichen oder höheren Ranges verbanden. Doch wurden Verstöße gegen dieses ungeschriebene Gesetz viel weniger scharf geahndet als auf dem europäischen Kontinent. Im 18. Jahrhundert gab es in England genügend Fälle, in denen der Sohn eines hochrangigen Adligen mit einem Dienstmädchen durchbrannte, ohne deswegen mehr Nachteile als den moralischen Tadel seiner Klasse zu haben. Allerdings darf man diese Offenheit der Klassen auch nicht überschätzen. Lawrence Stone und J.C. Fawtier Stone haben den weitverbreiteten Mythos von der offenen Elite in England auf die sehr viel rigidere Realität reduziert. Im Titel ihres Buches *An Open Elite? England 1540–1880* ist das Entscheidende das Fragezeichen. Doch selbst wenn man mit Stone davon ausgeht, daß nur wenigen Bürgerlichen der Aufstieg in den Hochadel gelang, muß man sehen, daß die vielfältigen verwandtschaftlichen Beziehungen zwischen den benachbarten Klassen wegen des besonderen Erbrechts eine englische Eigentümlichkeit sind. Anders als auf dem Kontinent waren den jüngeren Kindern der Adligen bürgerliche Berufe nicht verwehrt. Es gab zwar ungeschriebene Gesetze, die es ihnen verboten, einem Handwerk oder einem niederen Gewerbe nachzugehen. Aber die sogenannten *professions*, nämlich die Kirche, das Militär und die Jurisprudenz, standen ihnen offen, ebenso die höheren Ränge des Handels- und Bankwesens. (Wir erwähnten bereits die Abkürzung Esq., die auf Briefen dem Namen von Akademikern hinzugefügt wird, sogar bei Studenten, um auszudrücken, daß sie keinem Broterwerb nachgehen, sondern eine Tätigkeit ausüben, die eines Gentlemans würdig ist.) Auf diese Weise bildete sich innerhalb des niederen Adels neben der *landed gentry* eine Geldaristokratie aus, die sich teils aus titellosen Abkömmlingen der Adelsfamilien, teils aus reichgewordenen Bürgerlichen zusammensetzte. Dieses Nebeneinander zweier eng verbundener oberer Mittelklassen ist ein Charakteristikum der englischen Sozialgeschichte und hat diese bis heute geprägt. Während konservative Politiker wie Edward Heath und seine Anhänger stärker den Wertvorstellungen der alten *landed gentry* anhingen, artikulierte die ebenfalls konservative Margaret Thatcher mit ihrer Gefolgschaft die Interessen der anderen, vom städtischen Bürgertum geprägten Mittelklasse.

Obwohl die heutige englische Gesellschaft noch die alte Feudalhierachie erkennen läßt, ist ihre tatsächliche Schichtung nicht leicht zu beschreiben. Am einfachsten wäre eine Aufteilung nach Einkommensgruppen. Dann aber würde sich ein Pfarrer der anglikanischen Kirche unterhalb von Facharbeitern und ein Philosophieprofessor unterhalb von freiberuflichen Handwerkern und Kleinunternehmern wiederfinden, obwohl beide statusmäßig einer höheren Schicht zugerechnet werden. Eine andere, etwas aussagekräftigere Einteilung ist die in Funktionsklassen, wobei man gewöhnlich die folgenden unterscheidet: *managereal* (politische und wirtschaftliche Führungsschicht), *professional* (Ärzte, Juristen usw.), *technical* (Ingenieure, Handwerker), *clerical* (Verwaltung und sonstige Dienstleistungen) und *manual* (Arbeiter, meist getrennt nach *skilled* und *unskilled*, also gelernt und ungelernt). Auch diese Einteilung bleibt unbefriedigend, da sich große Gruppen wie Bauern, Lehrer oder Kulturschaffende schlecht einordnen lassen. So ist denn das geläufigste Schema das folgende nicht weiter spezifizierte Fünfklassenmodell: Oberklasse, obere Mittelklasse, untere Mittelklasse, obere Arbeiterklasse und untere Arbeiterklasse. Manche Soziologen fügen zwischen der oberen und unteren Mittelklasse noch eine ‚mittlere' Mittelklasse ein, während R. S. Neale für die untere Mittelklasse den Begriff *middling class* geprägt hat. Obwohl also auch dieses Schema nicht unstrittig ist, wird es doch in irgendeiner Form den meisten Aussagen über englische Klassenverhältnisse zugrunde gelegt. Für Deutsche können dabei erhebliche Mißverständnisse auftreten. Ein Beispiel mag das erläutern. Als in den sechziger Jahren in der Bundesrepublik der Bildungsnotstand ausgerufen wurde, ging eine Statistik durch die Presse, derzufolge in Deutschland nur fünf Prozent der Studenten aus Arbeiterfamilien kämen, während es in England je nach Universität 23 bis 28 Prozent seien. Einen solchen Unterschied hätte eigentlich jeder Beobachter leicht feststellen müssen. Wer aber als Deutscher an einer englischen Universität studierte oder als Austauschprofessor dort lehrte, nahm von der angeblich fünfmal so großen Zahl von Arbeiterkindern nichts wahr. Der große Unterschied beruhte einzig und allein darauf, daß den beiden Statistiken zwei unterschiedliche Arbeiterbegriffe zugrunde lagen, was Anfang der siebziger Jahre aufgeklärt, aber von der deutschen Öffentlichkeit kaum zur Kenntnis genommen wurde. Deutsche Studenten füllten bei der Immatrikulation statistische Meldebögen aus, worin sie den Status ihrer Eltern als freiberuflich, Beamter, Angestellter, Arbeiter oder Landwirt ankreuzen sollten. Auch in England wurden solche Erhebungen gemacht. Dort aber bezeichneten die Kinder der unteren Bediensteten von Post, Bahn und kommunalen Dienstleistungen den Status ihrer Eltern als Arbeiter, während ihre deutschen Klassengenossen ihr Kreuz bei ‚Angestellter' oder ‚Beamter' gemacht hätten. Diese in Deutschland zahlenmäßig nicht unbedeutende Gruppe der kleinen Angestellten und Beamten, die sich in England als Arbeiter verstehen, ist besonders aufstiegsorientiert und schickt deshalb ihre Kinder wenn irgendmöglich auf die Universität. In der deutschen Statistik tauchen solche Studenten aber nicht als Kinder von Arbeitern, sondern als die von Angestellten und Beamten auf. Kein Wunder also, daß es bei uns weniger Studenten aus Arbeiterfamilien gab. (Übrigens gab es damals in England tatsächlich mehr Studenten aus Arbeiterfamilien, ca. acht Prozent, was auf den Ausbau des Stipendienwesens unter der Labourregierung gleich nach dem Krieg zurückzuführen war.)

Soziologisch gehören die niederen Angestellten und Beamten zusammen mit den kleinen Handwerkern einer Schicht an, die in Deutschland traditionell als Kleinbürgertum bezeichnet wird. Dazu gehören Menschen ohne größeres Vermögen, die dennoch mehr haben als ihre bloße Arbeitskraft. Sie besitzen vielleicht ein Haus, eine kleine Werkstatt oder ein unkündbares Dienstverhältnis mit Pensionsanspruch, weshalb diese Schicht immer in besonderem Maße an einem starken, geordneten Staatswesen interessiert war, das ihren bescheidenen Besitz schützen sollte. Seit Bismarck die Sozialversicherung eingeführt hatte, tendierten sogar viele Arbeiter zu einer kleinbürgerlichen Haltung, da auch sie mit ihrem Rentenanspruch etwas besaßen, was durch den Staat geschützt werden mußte. Etwas dem typisch deutschen Kleinbürgertum Vergleichbares hat es in England nie gegeben. Dort wurde und wird die soziale Sicherheit, die der deutsche Beamtenstatus und in abgeschwächter Form auch das Angestelltenverhältnis bot, erst auf einer sehr viel höheren Einkommensebene erreicht. Deshalb hat sich bei den Arbeitern auch ein sehr viel ausgeprägteres Klassenbewußtsein erhalten, das sich in der sprachlichen Formel des *them and us* („die da oben und wir hier unten") ausdrückt.

Ein anderer, historisch viel weiter zurückreichender Unterschied zwischen der deutschen und der englischen Gesellschaft stellt sich in der oberen Mittelschicht dar, die wir bereits kurz betrachtet haben. In Deutschland ging sie sozialgeschichtlich und ideologisch aus dem städtischen Bürgertum hervor. Sie umfaßte zunächst Kaufleute und Unternehmer und nahm später auch die höheren Ränge der Akademiker auf, selbst wenn diese weniger verdienten und kaum Vermögen besaßen. Auch in England hatte sich seit dem Spätmittelalter in den Städten dieser Mittelstand entwickelt, der zu einer Art Geldaristokratie heranwuchs und zuweilen den Aufstieg in den Adel schaffte. Die eigentliche, viel ältere und lange Zeit einflußreichere obere Mittelschicht war aber der landbesitzende niedere Adel. Diese Schicht stellt eine Besonderheit der englischen Sozialgeschichte dar. Die alte, ursprüngliche Gentry war die Speerspitze jener fortschrittlichen Mittelschicht, die im House of Commons ihre Interessen wahrnahm und bereits unter Elisabeth I. die politische Initiative gewann. Die Grafschaften wurden grundsätzlich nur von Angehörigen dieser Klasse vertreten. Aber auch viele Städte schickten Landadlige ins Parlament, da es für Kaufleute dem Geschäft abträglich war, kostbare Zeit für unbezahlte Parlamentssitzungen zu vergeuden. Dieser Landadel war aber nicht nur Speerspitze, er war zugleich Vorbild der bürgerlichen Mittelschicht und setzte für sie die sozialen Normen. Das war in besonders ausgeprägtem Maße im 18. Jahrhundert der Fall, wirkt aber bis heute fort. Wenn Deutsche heute die Zentralheizung als selbstverständlichen und notwendigen Komfort gutbürgerlicher Verhältnisse ansehen, während Engländer sich nicht von ihrem offenen Kaminfeuer trennen wollen, und sei es auch nur ein elektrisches, so rührt das eben daher, daß erstere ein typischer Bestandteil einer Stadtwohnung ist, während das offene Feuer zum Lebensstil eines Landadligen gehört. Auch das für Engländer so charakteristische Ritual von zur Schau gestellter Muße ist nichts weiter als das permanente Bemühen, wie ein Landedelmann zu leben. Die geheiligten Teepausen, das scheinbar schweißlos betriebene Cricketspiel, das tief im Blut jedes Engländers gefühlte Verbot, übergroße Hast an den Tag zu legen, alles das gehört zum Lebensstil eines Gentleman.

Manche Soziologen sehen in dieser Orientierung an der Gentry die entscheidende Ursache dafür, daß das einstige Mutterland der industriellen Revolution inzwischen weit hinter seine Wirtschaftskonkurrenten zurückgefallen ist. Am entschiedensten hat diese These Martin J. Wiener vertreten, der in seinem Buch *English Culture and the Decline of the Industrial Spirit 1850–1980* (1981) überzeugend darlegt, wie sich schon in der zweiten Hälfte des 19. Jahrhunderts in England eine Ideologie ausbreitete, die Gelderwerb und Unternehmertum als etwas

Anrüchiges ansah. Die Unternehmer selber scheinen diese Ideologie in zunehmendem Maße geteilt zu haben, so daß immer mehr von ihnen ihre Vermögen nur noch zu dem Zweck zusammentrugen, um sich möglichst bald einen Landsitz zu kaufen und in gesicherten finanziellen Verhältnissen den Lebensstil eines englischen Landedelmanns zu pflegen. *Gentrification* ist das Fachwort dafür. Daß diese Tendenz weit verbreitet ist, läßt sich nicht leugnen. Zu viele ausländische Geschäftspartner haben diese Einstellung an den englischen Gentleman-Kapitalisten beobachtet, als daß es sich hier um Ausnahmeerscheinungen handeln könnte. Englischen Unternehmern und Managern wird nachgesagt, daß sie die Leitung ihrer Betriebe wie einen Halbtagsjob ausübten, um die zweite Hälfte des Tages für das Golfspiel freizuhaben. Das Amateurhafte dieses Unternehmertums hat sicher nichts mit Faulheit zu tun. Es ist Ausdruck einer Ethik, mit der wir uns schon eingangs befaßt hatten. Für Engländer gibt es einen höheren Wert als den, ein ausreichendes Vermögen noch weiter zu vermehren. Erfolgreich zu sein ist zwar sehr wichtig für einen Gentleman, aber man darf dem Erfolg die Anstrengung nicht anmerken, die er gekostet hat. Wer durch geschickte Spekulationen sein Vermögen vermehrt, bleibt ein Gentleman. Wer aber wie ein deutscher oder gar wie ein japanischer Manager vor Ort erscheint und seinen Arbeitern zeigt, wo es lang geht, der verstößt gegen den verinnerlichten Code, der einem Gentleman eine so hemdsärmelige Erwerbstätigkeit verbietet.

Ein sehr anschaulicher Beleg für Wieners These ist der große Erfolg von David Lodges Roman *Nice Work* (Saubere Arbeit). Darin wird in ironisch-satirischer Weise erzählt, wie eine Literaturdozentin an einer Universität vom Dekan den Auftrag erhält, einen Tag pro Woche in einem mittelständischen Industriebetrieb zu verbringen, um auf diese Weise den Riß zwischen den von C.P. Snow so benannten „zwei Kulturen“ zu überbrücken. Die Literaturdozentin blickt geringschätzig auf die Tätigkeit des Managers des Betriebs herab, der seinerseits die Arbeit der Dozentin für unproduktives schöngeistiges Geschwätz hält. Nach der zu erwartenden kurzen Liebelei vertauschen sich in dieser bitteren Komödie die Positionen. Die scheinbar so ungesicherte, nach jedem akademischen Jahr von Kündigung bedrohte Dozentin mit dem armseligen Gehalt bekommt ein attraktives Angebot von einer amerikanischen Universität, während der hochbezahlte Manager nach der unerwarteten Übernahme seiner Firma durch die Konkurrenz seine Kündigung erhält. Er, der trotz seines kleinen Wuchses vorher der starke, realistische Vertreter der modernen Welt war, bleibt als Häufchen Elend zurück, ohne Job und von der Geliebten verlassen. Sie dagegen, die weltfremde Literaturwissenschaftlerin, die unentwegt die Sprechblasen der postmodernen Literaturtheorie von sich gibt, steht triumphierend als die Siegerin da.

Es war sicher nicht nur der Feminismus, der diesem Buch zu seinem Erfolg verhalf. Für die englische Bildungsschicht muß es trotz aller Ironie zutiefst befriedigend sein, mitzuerleben, wie die schöngeistige Kultur, die immer noch als die eigentliche und die edlere von beiden gilt, über die barbarische Kultur der Naturwissenschaft und Technik triumphiert. Industriefeindlichkeit gab und gibt es auch im deutschen Bildungsbürgertum. Doch erstreckt sich diese von C. P. Snow so scharf beklagte Ablehnung nicht zugleich auch auf die Naturwissenschaft. Diese, zu der sich ja auch Leibniz, Goethe und Humboldt bekannten, stand bei uns traditionell hoch im Kurs. Die englische Kultur hat sich viel entschiedener den *liberal arts*, also den schönen Künsten, verschrieben, eben weil sie zweckfrei und damit eines Gentlemans würdig sind. Wiener hat dieses Ethos der englischen Gentry im Schrifttum des 19. Jahrhunderts so reichlich belegt und dessen Einfluß auf das Unternehmertum so überzeugend dargelegt, daß man an der Tatsache des schleichenden Prozesses der Gentrifizierung kaum zweifeln kann. Er hat allerdings unterschlagen, daß es neben der durch die *public schools* und durch Oxford und Cambridge geprägten Elite noch eine ganz andere Wirtschaftselite gab, die vor allem in der ideologischen Tradition des protestantischen Nonkonformismus, des sogenannten *Dissent*, wurzelt. Die stärkste Gruppe darin dürften im 19. Jahrhundert die kalvinistisch geprägten Schotten gewesen sein, deren Fleiß und unternehmerische Initiative damals sprichwörtlich waren. Aber auch unter den Engländern, vor allem denen des Nordens, gab es diesen Menschentyp, während im traditionsgebundenen und von altersher wohlhabenderen Süden das Ethos der Gentry besonders stark ausgeprägt war. Ein Musterbeispiel für den hemdsärmeligen Typ war Margaret Thatcher, weshalb sie bei den *true blue* Tories ihrer Partei nicht nur nicht beliebt war, sondern geradezu als Eindringling empfunden wurde. Und doch oder vielleicht gerade deshalb ist es ihr nicht gelungen, den verkümmerten Unternehmergeist in ausreichendem Maße zu reaktivieren.

Wenn von der heutigen Klassenschichtung die Rede ist, darf auch die zahlenmäßig kleine Oberklasse nicht unerwähnt bleiben, deren ökonomische Macht sich daran ablesen läßt, daß zwei Prozent der Bevölkerung achtzig Prozent des Grund und Bodens besitzen. Neben den Plutokraten der Wirtschaft gehört dazu vor allem der Hochadel, der außer seinen riesigen Ländereien und beträchtliche Aktienpaketen auch noch Kunstschätze von fast unvorstellbarer Fülle besitzt. Zwar sind manche dieser Adelsfamilien durch die hohen Erbschaftssteuern zeitweilig so sehr in finanzielle Bedrängnis geraten, daß sie sich neue Geldquellen erschließen mußten, zum Beispiel durch Öffnung ihrer Schlösser für das zahlende Publikum und durch Einrichtung von Safariparks in ihren riesigen Parkanlagen, doch sind sie nach wie vor ein gewichtiges Element der Gesellschaft, wobei sie durch die erbliche Mitgliedschaft im Oberhaus auch politischen Einfluß haben. Man muß allerdings hinzufügen, daß von den knapp 800 erblichen *peers,* wie die Mitglieder des House of Lords heißen, kaum ein Viertel an den Sitzungen teilnimmt, und daß es auch Titelträger gibt, die außer der Peerswürde kaum etwas besitzen. Dennoch prägt die *nobility* nach außen sehr wesentlich das Bild Englands. Wenn sie ihre Fuchsjagden veranstaltet oder im Norden Schottlands auf Moorhuhnjagd geht, wird damit das Bild einer elitären Luxusklasse von Müßiggängern beschworen. Daß ausgerechnet das unscheinbare Moorhuhn als das jagdbare Wild mit dem höchsten Statuswert gilt, mag manchem ebenfalls als typisch englisch erscheinen. Seit Jahrhunderten machte sich in England immer wieder der

Groll des Volkes gegen diese privilegierte Klasse Luft, doch hat das bisher nicht zur Abschaffung des Oberhauses oder zur gänzlichen Beschneidung der Privilegien des Adels geführt. Abgesehen davon, daß diese Klasse erheblich zur touristischen Attraktivität Großbritanniens beiträgt, haben die alteingesessenen Adelsfamilien auch in der Umgebung ihrer Familiensitze immer noch starken Rückhalt. Viele Engländer in den ländlichen Regionen sind stolz auf ihre adligen Nachbarn, zumal es in englischen Adelskreisen seit Jahrhunderten ein ungeschriebenes Gesetz ist, sich dem einfachen Volk gegenüber hilfsbereit und väterlich wohlwollend zu zeigen. Wenn in Kriegszeiten das Vaterland rief, war es für die Adligen Ehrensache, unter den ersten Freiwilligen zu sein, und ihr Blutzoll war immer weit höher, als es ihrem prozentualen Bevölkerungsanteil entsprochen hätte. Allmählich, wenn auch sehr langsam, werden diese Adligen wohl in der Klasse der aus dem Bürgertum aufgestiegenen Millionäre und Industriekapitäne aufgehen. Bis dahin aber werden sie noch lange und weithin sichtbar die englische Utopie des kultivierten Müßiggangs repräsentieren, eine Utopie, die durch die Gentry in eine realere Lebensform übersetzt wurde, die auch dem normalen Bürger erreichbar erscheint. So markant das Profil des Hochadels dem kontinentalen Beobachter erscheinen mag, als prägende Kraft für die Gesamtgesellschaft war die Gentry zweifellos von größerer Bedeutung. Sie hat dafür gesorgt, daß England schon zur Shakespearezeit eine starke Mittelklasse hatte und bereits hundert Jahre später von ihr so geprägt war, daß man seit dem Beginn des 18. Jahrhunderts von einer bürgerlichen Gesellschaft sprechen kann.

Charakteristisch für die englische Klassengesellschaft ist aus historischer Sicht neben dem Fehlen von Klassenschranken vor allem der von Ausländern immer wieder beobachtete geringe Respekt vor den Höherrangigen. In Reiseberichten wird mit Erstaunen vermerkt, daß der einfache Bürger sich durch Träger hoher Titel nicht einschüchtern ließ, und daß letztere ihrerseits nicht zögerten, sich mit einem Kutscher zu prügeln, wenn dieser ihnen die Vorfahrt genommen hatte. Was wir über den englischen Freiheitsbegriff sagten, gilt auch für das Gleichheitsprinzip. England hat nie ein allgemeines Grundrecht der Gleichheit definiert, wie es die französische Aufklärung tat. Es brauchte dergleichen nicht, weil es schon lange vorher eine Mittelschicht besaß, die für jeden, ungeachtet seines Standes, Gleichbehandlung vor dem Gesetz und gleiche Achtung für seine Person durchgesetzt hatte.

6. „Ein Paradies für Frauen“

Die englischen Frauen werden in fast jedem Reisebericht ausländischer Touristen erwähnt, und fast immer sind sie Gegenstand sowohl der Bewunderung wie der Verwunderung. Die Bewunderung gilt ihrer Schönheit, ihrem schlanken, hohen Wuchs und ihrem frischen, reinen Teint. Die Verwunderung hingegen gilt der Tatsache, daß sie sich völlig frei außerhalb des Hauses bewegen durften und daß sie offenbar ein Leben kultivierten Müßiggangs führten. Manche Beobachter von strengerer Moral nannten es unverblümt Faulheit. Schon 1575 widmet der Holländer van Meteren in seinem Bericht den verheirateten Frauen einen Absatz, der mit der Feststellung beginnt, daß sie mit Ausnahme ihres physischen Lebens vollständig in der Gewalt ihrer Ehemänner seien. Doch wenige Sätze später schreibt er, daß sie im Haushalt völlig frei schalten und walten durften und daß sie außerhalb des Hauses mehr Freiheit hätten als in irgendeinem anderen Land. Es folgt eine Beschreibung ihres Müßiggangs, die mit dem Satz endet: „Dies ist der Grund, weshalb England das Paradies der Ehefrauen genannt wird.“ Van Meteren bezieht sich also auf ein Urteil, das offenbar schon zu seiner Zeit in Europa allgemein verbreitet war. Jakob Rathgeb, der Herzog Friedrich von Württemberg als dessen Sekretär auf einer Englandreise begleitete, schrieb 1592 fast das gleiche.

Sozialhistoriker haben gezeigt, daß die Frauen zur Zeit Shakespeares in der Tat eine relativ starke Stellung hatten. Vor allem im handwerklichen Mittelstand war die Ehefrau eine unverzichtbare Arbeitskraft und hatte infolgedessen beträchtliche Befugnisse. Witwen und unverheiratete Frauen konnten in vie-

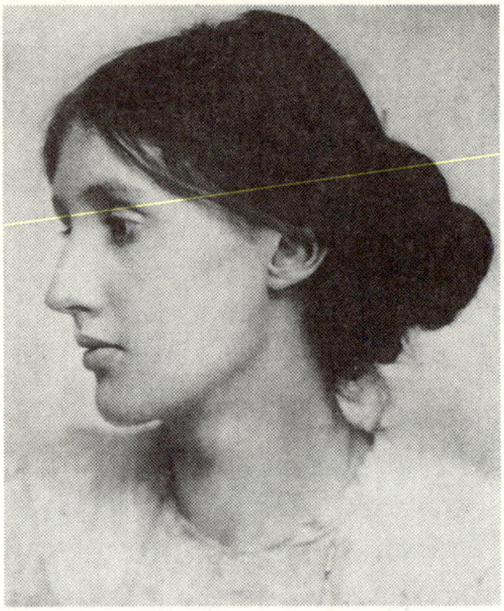

Abb. 8 u. 9: Nell Gwynn, Die Mätresse Karls II., und Virginia Woolf: Zwei selbstbewußte Britinnen von sehr verschiedener Art.

len Gewerben selbständig eine Werkstatt oder ein Unternehmen leiten. Dies änderte sich im 18. Jahrhundert, als mit der Industriellen Revolution auch solche Wirtschaftszweige mehr und mehr unter die Herrschaft der Männer gerieten, die früher traditionell Frauensache waren, zum Beispiel die Putzmacherei. Selbst die Hebammen wurden von männlichen Ärzten verdrängt. So blieb vom Mittelstand aufwärts den Frauen nur noch die Rolle der Hausfrau, während die Frauen der Unterschicht sich für Hungerlöhne in Manufakturbetrieben oder gar in Bergwerken schinden mußten. Und doch schreibt der Schwede Peter Kalm, der 1748 England bereiste, daß „England ein Paradies für Damen und Frauen“ sei. Seine Begründung dafür ist allerdings bezeichnend. Er schreibt nämlich, die Frauen hätten es klugerweise verstanden, das ganze lästige Management des Haushalts auf die Männer abzuwälzen, so daß sie selbst nur die physische Arbeit auszuführen brauchten. Das letztgenannte Beispiel zeigt, wie vorsichtig man mit den summarischen Urteilen der Reiseberichte sein muß und wie schwer es ist, über den relativen Status der Frauen etwas Verläßliches herauszufinden. Wer das Ideal der Gleichberechtigung zum Maßstab macht, dem muß der Status der englischen Frau vom Mittelalter bis in die Mitte des 19. Jahrhunderts fast wie Sklaverei erscheinen. Aus Abrissen der englischen Sozialgeschichte erfährt man, daß Ehefrauen unter dem Common Law über kein Eigentum verfügen konnten. Selbst ihr Arbeitslohn stand dem Ehemann zu. Noch im frühen 19. Jahrhundert kam es vor, daß ein trunksüchtiger Ehemann, der von seiner Frau verlassen worden war, deren Lohn durch den Gerichtsvollzieher einfordern konnte. Das klingt nach vollständiger Rechtlosigkeit. Und doch besaßen die meisten Ehefrauen vom Mittelstand aufwärts eigenes Vermögen, allerdings nicht durch das Common Law, sondern aufgrund des Billigkeitsrechts. Dieses gestattete nämlich, daß ein Verwandter oder Anwalt der Frau in ihrem Namen treuhänderisch ein Vermögen verwaltete, dessen Erträge zwar dem Ehemann zustanden, über das sie ansonsten aber selbständig verfügen konnte. Damit ist der vermeintlich rechtlose Status schon beträchtlich relativiert. Da Witwen und unverheiratete Frauen ohne nennenswerte Beschränkungen über Vermögen verfügen konnten, muß sich also schon in früheren Jahrhunderten ein beträchtlicher Teil des Volksvermögens in den Händen von Frauen befunden haben. Wie man den rechtlichen Status der Frauen einschätzt, hängt offenbar ganz wesentlich davon ab, mit welchen Erwartungen man ihn betrachtet. Relativ zum übrigen Europa erfreuten sich die englischen Frauen jedenfalls eines Status', der das Wort vom Paradies der Frauen als nicht ganz ungerechtfertigt erscheinen läßt, und das, obwohl die englische Gesellschaft bis heute viel stärker männliche Züge trägt als zum Beispiel die französische. Die gegen Ende des 18. Jahrhunderts ständig größer werdende Zahl von Frauen, die als freischaffende Künstlerinnen nicht nur ihren Lebensunterhalt bestritten, sondern zu hohem Ruhm gelangten, widerlegt jede Behauptung, daß Frauen der Weg nach oben völlig versperrt gewesen sei. Gerade weil so viele Frauen als Schriftstellerinnen aktiv waren, wurde in England die Benachteiligung der Frau so früh und so eindringlich von ihnen selbst artikuliert. Die frühen Vorkämpferinnen für die Gleichberechtigung, von denen Mary Godwin Wollstonecraft mit ihrem Buch *Vindication of the Rights of Women* die prominenteste war, muß man aus europäischer Sicht eher als Anzeichen für eine schon weit fortgeschrittene Emanzipation statt als Indiz für Unterdrückung sehen. Die erste Frauenbewegung war eine fast ausschließlich englische Angelegenheit, wobei nicht unerwähnt bleiben darf, daß es schon bei den Anhängern Wiclifs im 14. Jahrhundert Frauenzirkel gab, die sich um die Alphabetisierung ihrer Geschlechtsgenossinnen bemühten und eine Art subversiver Aktivierung der Frauen betrieben. Eine Bibliographie zum englischen Roman verzeichnet zwischen 1700 und 1900 insgesamt 108 Autoren, von denen 31 Frauen sind, die zusammen über 700 Romane geschrieben haben. Auffällig ist auch, daß selbst bei den männlichen Autoren schon im 18. Jahrhundert oft eine Heldin im Mittelpunkt steht, so zum Beispiel Moll Flanders und Roxana bei Defoe, Clarissa und Pamela bei Richardson und Amelia bei Fielding. In Frankreich und Deutschland wird man vor Madame Bovary bzw. Effi Briest kaum eine Romanheldin finden, die dem heutigen Leser noch bekannt ist. Alles dies deutet darauf hin, daß die Frauen im Lande der beiden großen Königinnen Elisabeth und Viktoria ihren kontinentalen Geschlechtsgenossinnen um einiges voraus waren, auch wenn ihnen der Satz mit dem Paradies wohl eher wie bittere Ironie in den Ohren geklungen hätte.

Noch ein anderes Vorurteil über die englischen Frauen, das seit dem 19. Jahrhundert weit verbreitet war, wird in älteren Reiseberichten widerlegt. Engländerinnen galten in den Augen von Europäern noch bis zur Mitte unseres Jahrhunderts als kühl und ein wenig hochnäsig mit einem Hauch von Frigidität. Ganz anders im 16. Jahrhundert. Damals empfand Erasmus von Rotterdam sie als extrem offenherzig. Er berichtet, daß selbst fremde Gäste von ihnen zur Begrüßung und Verabschiedung herzhaft geküßt wurden. Bis ins 18. Jahrhundert geben ausländische Beobachter ihrer Verwunderung über das exzessive Küssen der Engländerinnen Ausdruck. Ein Blick auf Hogarths Bilder sollte eigentlich schon genügen, um das Bild von den kühlen Engländerinnen als Vorurteil zu entlarven. Daß englische Frauen im 19. Jahrhundert möglicherweise emotional und sexuell stärker verkrüppelt waren als anderswo, war nicht typisch englisch, sondern typisch viktorianisch. Und selbst das bedarf der Einschränkung. In jener Zeit, als die Prüderie ihre üppigsten Blüten trieb, konnte dennoch zwischen 1854 und 1905 ein Buch fünfunddreißig Auflagen erleben, in dem ein gewisser Dr. George Drysdale sehr unverblümte Ratschläge zur Empfängnisverhütung gab. Und die Tatsache, daß es nach damaligen Schätzungen allein in London 80.000 Prostituierte gab, zeigt deutlich genug, wie sehr auch im Viktorianismus Ideologie und Wirklichkeit auseinanderklafften.

Engländerinnen erschienen den Kontinentaleuropäern als vornehme Ladies, als steife Gouvernanten und als emanzipierte Weltreisende, doch so gut wie nie als das, was bei deutschen und italienischen Frauen als so typisch empfunden wird, nämlich als Hausfrauen und Mütter. Hier zeigt sich wie bei den männlichen Stereotypen, daß auch die Frau in England ganz entschieden als Gesellschaftswesen und nicht als Verkörperung einer mütterlichen Sphäre gesehen wurde. Wir sagten an früherer Stelle, daß Ausländer sich oft darüber wunderten, mit welcher Selbstverständlichkeit die Engländer ihre Kinder schon in jungen Jahren zur Erziehung aus dem Haus gaben. Das ist in der Oberschicht noch heute so. Dort werden die Kinder oft schon im Grundschulalter auf ein Internat geschickt, wo sie auf das nächste Internat, nämlich die Public school, vorbereitet werden. Diese Eliteschulen waren bis vor kurzem reine Jungenschulen und trugen wesentlich dazu bei, daß das gesamte englische Gesellschaftsleben bis heute sehr stark männlich geprägt blieb, was dem „Paradies“ ein weiteres Fragezeichen hinzufügt.

7. Amphibische Kultur

Vergleicht man die deutsche mit der französischen Kultur, so könnte das Verhältnis kaum gegensätzlicher sein. Westlich der Vogesen, die für Franzosen die Grenze zwischen Zivilisation und Wildnis sind, breitet sich „la douce France“ aus, zentralistisch auf Paris ausgerichtet und mit rationaler Klarheit durchzivilisiert. Östlich davon die deutsche Welt, die für viele Franzosen einen Zug von faszinierender Rohheit, von Irrationalität und Tiefe hat. Wo in Frankreich die Sonne des klaren Verstandes scheint, herrscht jenseits der Grenze das von Blitzen durchzuckte Dunkel eines Seelenvermögens, das die Deutschen selber oft als Gemüt bezeichnet haben. Noch lieber nannten sie es aber Geist, nur stiftet das Wort Verwirrung, weil es im deutsch-französischen Wörterbuch mit ‚esprit' übersetzt wird, tatsächlich aber eher das Gegenteil bedeutet. Esprit ist klar, beweglich, heiter und tendiert zum Schönen hin; der deutsche Geist aber ist dunkel, tief, von grüblerischer Langsamkeit, und sein ästhetisches Ideal ist das Erhabene. Bis zur Mitte unseres Jahrhunderts sahen sich fast alle deutschen Intellektuellen in diese deutsch-französische Polarität gestellt. Einige, wie Heinrich Heine oder Heinrich Mann, entschieden sich für die französische Seite. Aber die meisten fühlten sich durch ihr Deutschsein wie durch eine unüberbrückbare Kluft von der westlichen Welt getrennt. Heinrich Manns Bruder Thomas ist ein typisches Beispiel dafür. Er machte in seinem Buch *Betrachtungen eines Unpolitischen* kein Hehl daraus, daß er die französische Aufgeklärtheit als seicht empfand. Der deutsche Geist erschien ihm als die überlegene Kulturkraft, die im Spannungsfeld zwischen dem Irrationalismus der russischen Seele und dem platten Rationalismus der westlichen Aufklärung beides zur Einheit brachte: Rationalität und Innerlichkeit, Klarheit und Tiefe. Es handelt sich hier um zwei Kulturtypen, die soziologisch leicht zu beschreiben sind. Die französische Kultur ist durch und durch urban, die deutsche das genaue Gegenteil. Bezeichnenderweise hat es der einzige urbane deutsche Dichter vor 1900, nämlich Heine, in Deutschland nicht lange ausgehalten und ist in das Zentrum der europäischen Urbanität, nach Paris, geflüchtet. Urban waren auch die Kulturen des alten Athen und Rom und die der italienischen Stadtstaaten in der Renaissance. Eine Stadt ist ein der Wildnis abgerungener zivilisierter Raum. Jeder Rest von Wildnis innerhalb ihrer Mauern muß deshalb als etwas Rohes und Häßliches empfunden werden. Stadtkulturen, so darf man vermuten, tendieren zu Vollkommenheit, Klarheit, kontrollierter Form, kurz, zu einem Stilideal, das wir klassisch nennen. Nichturbane Gesellschaften in verstreuten Siedlungen mitten in der sie umgebenden Natur werden demgegenüber ein ganz anderes Naturverhältnis und damit auch ein anderes Stilideal haben. Sie sind auf die Natur angewiesen und müssen sich mit ihr arrangieren. Schaut der Landbewohner aus dem umhegten Raum seiner Siedlung hinaus in die wilde Natur, so wird er ein Gefühl ängstlicher Ehrfurcht empfinden; denn dieses Andere ist bedrohlich und doch zugleich sein Lebensraum. Das gebräuchliche Wort für diese Gefühlsmischung ist das Erhabene. Schaut der Landbewohner aber ins Innere seiner umhegten Sphäre, so wird er das wohlige Gefühl von Geborgenheit empfinden, das die Deutschen Gemütlichkeit nennen. Beides zusammen verbindet sich zu einem Stil, der als romantisch gilt.

Erhabenheit und Gemütlichkeit sind die beiden emotionalen Reaktionsweisen, die jeder Beobachter von außen als typisch deutsch erkennen wird. Spätestens seit die deutsche Kultur ein eigenes Selbstbewußtsein entwickelt hat, blieb sie vom Sturm und Drang über Klassik und Romantik hinweg bis zur Moderne vom Erhabenheitsideal dominiert. Am erhabensten war sie folglich da, wo sie am deutschesten war, nämlich in der Musik. Beethoven, Wagner und Bruckner sind Gipfel der erhabenen Kunst. Caspar David Friedrich steht ihnen als Maler kaum nach, und die deutsche Begeisterung für die Gotik im 19. Jahrhundert ist ein weiteres Indiz. Kurioserweise empfanden die Deutschen die Gotik als etwas typisch Deutsches, obgleich sie eigentlich hätten wissen müssen, daß dieser Baustil erst sehr spät aus Frankreich zu ihnen herübergekommen war und daß die großen deutschen Kathedralen zu dem Zeitpunkt schon im romanischen Stil erbaut waren, weshalb dieser viel eher als deutsch gelten sollte. Erhaben sind auch die Gedankenflüge der Philosophen von Hegel bis Heidegger und die nicht endenden Bemühungen deutscher Dramatiker um die Tragödie. In den Zeiten äußerster Verdunklung des deutschen Geistes war die deutsche Kultur geradezu berauscht vom Erhabenen bis hin zu der perversen Vorstellung, daß es das erhabene Schicksal der Deutschen sei, mit ihrem Blut die entartete Welt zu reinigen. Genauso typisch für die deutsche Kultur ist die Komplementärform der Erhabenheit, die Gemütlichkeit. Wenn Caspar David Friedrich typisch deutsch ist, dann ist es Spitzweg nicht minder, und so wie Wagner die Tiefen der deutschen Seele auslotet, so schwelgt die Volksmusik wohlig im deutschen Gemüt. Zu höchster Kunst entfaltete sich das Gemütvolle im deutschen Kunstlied, in dem sich eine Form von Innerlichkeit ausdrückt, die auch in den Augen des Auslands ein einmaliges, unverwechselbar deutsches Aroma hat, die aber zugleich auch das Bewußtsein der Gebildeten der realpolitischen Sphäre so sehr entrückt hat, daß viele von ihnen das Unheil des Naziregimes nicht heraufziehen sahen, ja sogar teilweise selber auf den wabernden Erhabenheitskult der Nürnberger Parteitage und die rohe Gemütlichkeit des Blut-und-Boden-Kults hereinfielen. Was das Erhabene für die nicht-urbane ist das Schöne für die urbane Kultur. In ihr muß jede nicht vollkommen durchgearbeitete Stelle als Makel erscheinen, es sei denn, die ästhetische Wirkung soll just aus der Spannung zwischen dem Schönen und der Verletzung seiner Norm hervorgehen. Dann entsteht etwas, was in den urbanen Kulturen der Renaissance und des Barock weit verbreitet war, das Groteske. Die Kunstgeschichte belegt hinreichend, daß die Stadtkulturen in Athen, Rom, Florenz und Venedig allesamt dem Ideal der Schönheit huldigten. Das gleiche gilt für die urbane Kultur, die von Paris ausging und sich in Frankreich ausbreitete.

Ganz anders verhält es sich mit England. Dort gab es zwar in London eine ausgeprägt urbane Kultur. Doch die Angehörigen der Oberschicht, die die kulturellen Geschmacksnormen bestimmten, lebten noch in einer zweiten Welt. Nur den Winter verbrachten sie in der Stadt, besuchten Theateraufführungen, Opern und Konzerte, vergaben Aufträge an Maler und Musiker und pflegten kultiviert-urbane Geselligkeit. Im Sommer blieben sie auf ihren Landsitzen und pflegten dort den Lebensstil von Landedelleuten mit Reiten, Jagen und Verschönerungsarbeiten an ihren Parks. Dieses Leben in zwei Kulturen, das der englische Historiker Lewis Namier ‚amphibisch' nannte, hat dazu geführt, daß England weder eine urbane Kultur unter dem Diktat des strengen Schönheitsideals noch eine anti-urbane unter dem

Diktat des Erhabenen entwickelt hat, sondern ein charakteristisches Zwischending. Um 1700 hatte es allerdings den Anschein, als ob auch die Briten uneingeschränkt dem Ideal klassischer Schönheit huldigten. Ihr größter Klassizist, Alexander Pope, verkündete in seiner Poetik, dem auch heute noch vielzitierten *Essay on Criticism* (1711), ein Credo, das durch und durch klassisch war. Einfachheit, Vollkommenheit und Mäßigung in jeder Hinsicht waren seine obersten Werte. „Meide die Extreme!" lautet seine meistzitierte Devise. Und wenngleich er die Natur als die große Lehrmeisterin aller schönen Kunst pries, stand er doch zweifellos auf der Seite der Veredelung und Domestizierung der Natur. Doch im gleichen Jahr wie Popes Katechismus des Klassizismus erschienen auch die Essays des Earl of Shaftesbury. Aus ihnen weht zwar ebenfalls ein klassizistischer Geist, doch daneben vernimmt man ganz andere Töne, zum Beispiel einen enthusiastischen Hymnus auf die schöpferische Natur, der seinerzeit als so revolutionär empfunden wurde, daß er sogleich Furore machte und später von Herder sogar in Versform gesetzt wurde.

Pope und Shaftesbury repräsentieren wie ein geistiges Zwillingspaar das Doppelgesicht der amphibischen englischen Kultur. Eine noch anschaulichere Darstellung dieses Gesichts findet sich in den Bildern des Malers, der damals zum Abgott der Briten aufstieg: Claude Lorrain. Auf nahezu jedem seiner Bilder sah man klassische Architektur strengster Prägung eingebettet in eine Landschaft, die von Caspar David Friedrich nicht romantischer hätte gemalt werden können. Viele englische Landadlige waren von Lorrains Bildern so hingerissen, daß sie ihre Parks nach deren Muster umgestalten ließen. Im 18. Jahrhundert hat England eine unverwechselbar englische Kultur ausgebildet, deren Wesensmerkmal dies amphibische Doppelleben war. Sie war urban und nichturban zugleich, doch beides nicht ganz. So fehlte ihr auf der einen Seite die urbane Eßkultur und auf der anderen die nichturbane Innerlichkeit.

Dem Amphibischen der Kultur entspricht die Doppelgesichtigkeit des englischen Bildungsideals. Gentleman und Lady sind zwar einerseits idealisierte Gesellschaftswesen, gleichzeitig aber hielt man an dem alten englischen Individualismus fest. So steht England auch auf diesem Felde zwischen Deutschland und Frankreich. Während die Deutschen seit Humboldt einseitig das gebildete Individuum betonten, legten die Franzosen traditionell den Akzent auf die gesellschaftliche Form. Der englische Gentleman dagegen konnte – und sollte sogar – die gesellschaftliche Form mit individualistischer Exzentrizität vereinen.

Wenn, wie wir eingangs darlegten, die urbane Kultur sich am Ideal des Schönen und die nichturbane sich am Ideal des Erhabenen orientiert, dann müßte sich der englische Geschmack im Widerstreit dieser beiden Normen befunden haben, und die Frage wäre dann, ob er beiden Normen folgte oder für sich selbst eine dritte entwickelte. Daß das letztere der Fall war, wollen wir im folgenden Kapitel zeigen.

8. Das Ideal des Pittoresken

1759 veröffentlichte Edmund Burke, der liberale Anwalt der amerikanischen Unabhängigkeit und spätere konservative Gegner der französischen Revolution, die überarbeitete Fassung einer schon zwei Jahre früher anonym publizierten Jugendschrift, die nichts mit Politik zu tun hatte. Ihr Titel lautete *Eine philosophische Untersuchung über den Ursprung unserer Ideen vom Erhabenen und Schönen*. Es war der erste Versuch einer empirisch-psychologischen Ästhetik, dem bald eine lange Reihe ähnlicher Versuche von verschiedenen Autoren folgen sollte, bis Kant in seiner *Kritik der Urteilskraft* den Gegenstand auf die Ebene der systematischen Philosophie hob. Seit Burke galten das Erhabene und das Schöne als die beiden Grundpfeiler jeder Ästhetik, und auch Kant hat jedem der beiden Begriffe in seiner Kritik je ein Buch gewidmet. Merkmale des Schönen sind nach Burke Kleinheit, Glätte, Feinheit, gleichmäßige Veränderung und abgestufte Farbigkeit. Merkmale des Erhabenen sind Größe jeder Art, also Großartigkeit und unendliche Ausdehnung, sowie Dunkelheit, Abruptheit und monotone Abfolge gleicher Elemente. Das Erhabene erregt eine besondere Art von Furcht, nämlich Ehrfurcht. Damit wirkt es auf unser Schmerzempfinden und affiziert den Selbsterhaltungstrieb. Das Schöne dagegen ruft Lust hervor. Es weckt erotisch-libidinöse Appetenz und affiziert den Arterhaltungstrieb.

Dieses psychologische Grundmodell löste eine breite Diskussion unter Burkes Zeitgenossen aus, bot es doch eine Erklärung für das, was sich in der Geschmacksentwicklung längst angebahnt hatte. Das Erhabene, das noch bei Pope ganz im Schatten des Schönen gestanden hatte, war schon durch die neubelebte Miltonbegeisterung, durch Edward Youngs epochemachende *Nachtgedanken* und durch Thomsons *Jahreszeiten* als ästhetischer Wert in den Vordergrund getreten, bevor es sich in den angeblichen Gesängen Ossians zu einem regelrechten Kult entwickeln sollte. Doch die Manie hielt nicht lange an. Schon gegen Ende des Jahrhunderts empfanden die Engländer ein seltsames Ungenügen an den erhabenen Schauern, die sie angesichts des öden schottischen Hochlands, am Strand des sturmgepeitschten Meers und nachts selbst noch beim Feuerschein eines Hochofens empfunden hatten. Ein neuer Begriff wurde von Autoren wie Gilpin und Price in die Debatte geworfen, „the picturesque". Er bezeichnete einen ästhetischen Reiz, der weder durch Größe und Intensität erhabenen Schrecken verursacht noch durch Einfachheit und Regelmäßigkeit den Genuß des Schönen bereitet, sondern die Mitte zwischen beidem hält, indem er bei natürlicher Unregelmäßigkeit dennoch ästhetische Lust hervorruft.

Der Begriff des Pittoresken wurde damals als neu empfunden, doch die Sache selbst war schon so alt wie das Jahrhundert. Bereits gegen Ende des 17. Jahrhunderts hatte der englische Diplomat William Temple in einer Abhandlung über das chinesische Gartenideal das Wort Sharawadgi eingeführt, das durch Zusammenziehung eines chinesischen Satzes entstanden sein soll, nämlich sa-ro-kwai-chi, was soviel heißt wie „das, was durch Unregelmäßigkeit gefällt". Das Wort Sharawadgi geistert danach durch das ausgedehnte englische Schrifttum zur Kunst der Gartengestaltung, bis es durch *the picturesque* ersetzt wird. Selbst da, wo es nicht verwendet wird, taucht die Sache auf, die es bezeichnet. 1710 beschreibt Joseph Addison in einem Essay, wie er während einer Wanderung auf einer Bank einschlief und von einer paradiesischen Landschaft träumte, die genau die Qualitäten hatte, die das Wort Sharawadgi bezeichnet. Es war eine wilde, üppige, doch nicht bedrohliche Naturlandschaft, die weder erhaben noch grotesk, aber auch nicht schön genannt werden konnte. Achtzig Jahre später hätte sie jeder als *picturesque* bezeichnet. Addison hatte noch keinen Namen dafür. Aber in seinem Traum erfuhr er den Namen der Göttin, die dieses Naturreich regierte, sie hieß Liberty. Das Malerische oder Pittoreske, wie immer man das englische Wort übersetzen mag, war also keine modische Marotte einiger Autoren, die einen neuen Begriff kreieren wollten. Es war *das* Geschmacksideal, das dem freiheitsliebenden Engländer gefühlsmäßig am meisten entsprach. Nachdem es gegen Ende des Jahrhunderts seinen Begriff gefunden hatte, ist es danach nie mehr aus der englischen Kultur verschwunden. Pevsner überschreibt das Schlußkapitel seines Buches *The Englishness of English Art* mit „Picturesque England“, und er beschreibt darin ein Geschmacksideal, das er für typisch englisch hält. Dreißig Jahre später machte David Watkin aus Pevsners kurzem Schlußkapitel ein ganzes Buch, das den Titel trägt *The English Vision. The Picturesque in Architecture, Landscape and Garden Design*. Schon dieser Titel drückt aus, daß die Engländer das Pittoreske als ihre ganz besondere, spezifisch englische Geschmacksnorm empfinden. Ein weiterer Beweis für das spezifisch Englische daran ist die Tatsache, daß ausgerechnet die Aquarellmalerei, die dem Ideal des Pittoresken am meisten entspricht, zur charakteristischsten englischen Malweise wurde. Bis heute läßt sich dieses Stilideal im Alltagsgeschmack der Engländer beobachten. Während die Deutschen nach dem Kriege eine „Schöner Wohnen“-Kultur erstrebten, deren Ideal es war, daß alle Teile dem gleichen modernen Stil entsprachen, ging der englische Geschmack in die genau entgegengesetzte Richtung. Dort suchte man auf Flohmärkten und in den übers ganze Land verbreiteten *antique shops* nach Einzelstücken, die in den Wohnungen zu einer bunten Mischung zusammengefügt wurden. Deutsche Touristen haben sich über die englische Wohnkultur meist sehr abfällig geäußert. Sie empfinden sie als äußerst geschmacklos. Dabei war England im 18. Jahrhundert der Inbegriff von geschmackvollem Wohnen. Damals herrschte noch das normative Geschmacksideal des Neoklassizismus. Mit der Romantik und dem Siegeszug des Pittoresken schwand die Norm des Schönen. Übrigens läßt sich der Stilwandel, der sich Ende des 18. Jahrhunderts vollzog, heute wieder beobachten. Mit der zu Ende gegangenen Moderne liegt eine weitere abgeschlossene Klassik hinter uns. Der neue postmoderne Stil verhält sich zu ihr wie damals die Romantik zu ihrer Vorgängerin. Und es ist bezeichnend, daß nun auch wieder englische Architekten die Weltbühne betreten, die in der vom deutschen Bauhaus geprägten Moderne auffällig fehlten. Ebenso bezeichnend ist, daß jetzt auch die Deutschen auf Flohmärkten nach originellen Einzelstücken suchen und eine ähnlich individualistische Wohnkultur pflegen wie die Engländer. Offensichtlich hat die zunehmende Urbanisierung auch bei uns eine Mischkultur hervorgebracht, wenngleich es hierzulande keine kulturtragende Schicht gab und gibt, deren Lebensstil man „amphibisch" nennen könnte.

9. Bildende Kunst ohne Skulptur

Wer die englische Kunst von außen betrachtet, steht vor einem Rätsel. Da hat ein Volk, das um 1200 kaum zweieinhalb Millionen Köpfe zählte, in den drei Jahrhunderten von 1100 bis 1400 rund dreißig grandiose Kathedralen gebaut und diesen später eine kaum überschaubare Zahl spektakulärer Landschlösser an die Seite gestellt, doch auf seinen ersten bedeutenden Bildhauer mußte die Welt bis zu Henry Moore warten. Und auch die Bühne der Malerei betrat es mit William Hogarth erst, als Italien, Deutschland, Spanien, die Niederlande, Flandern und Frankreich längst von der Renaissance bis zum späten Barock das geschaffen hatten, was heute die Hauptsäle der Museen füllt. Wie ist solch ein Ungleichgewicht im bildnerischen Ausdruckswillen zu erklären?

a) Baukunst

Daß im Mittelalter die bildende Kunst vom Kirchenbau dominiert wurde, galt für England genauso wie für den Kontinent. Dennoch unterscheiden sich englische Kathedralen von den kontinentalen auf den ersten Blick. Während viele deutsche Dome, zum Beispiel in Mainz, Worms und Speyer, im romanischen Stil weitgehend abgeschlossen wurden, lassen die englischen diesen Stil, der dort normannisch heißt, nur in ihren ältesten Bauteilen erkennen, also in der Krypta und hier und da im Hauptschiff. Der größte Teil ihrer Baukörper ist gotisch geprägt. Manche darunter, wie die Kathedrale von Salisbury, sind gotisch aus einem Guß. Der Grund dafür liegt auf der Hand. Der Sakralbau begann in England erst, nachdem sich das normannische Regime Wilhelms des Eroberers konsolidiert hatte, also zu einer Zeit, als in Nordfrankreich bereits mit gotischen Bauformen experimentiert wurde. Da Wilhelm und seine Nachkommen weiter Herzöge der Normandie und damit Vasallen des französischen Königs blieben, bestand eine enge politische und kulturelle Verbindung dorthin. Deshalb kam die Gotik viel früher nach England als nach Deutschland.

Die nächste auffällige Eigentümlichkeit zeigt sich im äußeren Erscheinungsbild der Kathedralen. Während die deutschen mitten in den Bischofsstädten stehen und eng von Häusern umringt sind, liegen die englischen meist völlig frei, so daß sie sich dem Blick des Betrachters in ihrer ganzen Majestät darbieten. Das hat seinen Grund darin, daß sie fast alle aus früheren Klosteranlagen hervorgegangen sind. Deutsche Bischöfe waren feudale Territorialfürsten, die zu diesem Zweck eine repräsentative Residenz mit Hauptstadtfunktion brauchten. Die englischen Bischöfe hatten keine Länder zu regieren, sondern waren am Anfang Äbte altehrwürdiger Klöster. Das erklärt die vom Stadtkern abgesonderte Lage der Bischofskirchen, die zum Teil noch heute von einer Mauer umgeben sind, hinter der den Besucher eine klösterliche Stille und Abgeschiedenheit empfängt. Das Hervorgehen aus Klosteranlagen hat noch eine zweite Eigentümlichkeit nach sich gezogen. Da die Bischofskirche weiterhin auch Klosterkirche blieb, mußte im Innern dafür gesorgt werden, daß die Angehörigen des Klosters von der weltlichen Gemeinde getrennt wurden. Diese Trennung wurde durch einen zumeist aus Stein gemeißelten Lettner bewirkt, der gleich hinter der Vierung das Mittelschiff so teilte, daß das westliche Hauptschiff für die Laiengemeinde geöffnet war, während der dahinter befindliche Chor dem Klerus reserviert blieb. Einen Lettner gab es auch in den kontinentalen Kathedralen; denn auch dort mußten die Domherren, gewissermaßen die Mannschaft der Kathedrale, von der Laiengemeinde getrennt werden. Doch da zu den englischen Kathedralen ein Kloster gehörte, mußte der Chor sehr viel mehr Kleriker aufnehmen können. Deshalb sind englische Kathedralen östlich der Vierung extrem lang, in einigen Fällen genauso lang wie westlich davon.

Diese praktische Notwendigkeit hatte weitreichende architektonische Konsequenzen. Die Kathedralen der französischen und deutschen Gotik wahren den Grundriß der Kreuzform. Sie sind im Vergleich zu den englischen relativ kurz, dafür sehr hoch, und ihre Dominante ist die von Doppeltürmen geprägte Westfront. Der Hauptakzent der englischen liegt auf der Mitte, dem Vierungsturm, der die beiden Funktionsteile sichtbar trennt. Während bei den französischen der Vierungsturm meist nur ein leichter Dachreiter ist oder gänzlich fehlt, ist er bei den englischen ein gewaltiger Steinbau, der die Westtürme weit überragt, falls solche überhaupt vorhanden sind. Diese Besonderheit der englischen Kathedralen bewirkt, daß sie nicht nur länger, sondern auch niedriger sind als die meisten kontinentalen; denn ein hoher schlanker Bau wie Notre Dame oder der Kölner Dom hätte die Steinmasse eines wuchtigen Vierungsturms nicht tragen können.

Wegen der geschilderten Eigentümlichkeiten vermitteln englische Kathedralen einen ganz anderen Eindruck als französische oder deutsche. Sie lenken den Blick des Betrachters nicht vertikal auf eine geschlossene Aufwärtsbewegung des ganzen Bauwerks, sondern leiten ihn horizontal durch eine nicht enden wollende Aneinanderreihung immer gleicher Bausegmente. Pevsner sieht darin einen typisch englischen Formwillen und

Abb. 10: Die Kapelle von King's College (1515 vollendet), ein Triumph des englischen Perpendikularstils.

spricht von „excessive horizontalism" und von „compartmentalism". Wahrscheinlich hatte das aber zunächst nur die geschilderten praktischen Gründe. Mit der Zeit ist aber die Betonung der Horizontalen dann doch zu einem typisch englischen Stilzug geworden, der sich am deutlichsten in der letzten gotischen

Stilepoche zeigt, die unverwechselbar englisch ist. Schon der erste gotische Stil in England, das sogenannte „Early English", wich in seiner Nüchternheit deutlich von der kontinentalen Gotik ab, blieb architektonisch aber eng an sie angelehnt. Die zweite Epoche, der „Decorated Style", zeigt gegenüber der französischen Hochgotik, dem sog. Flamboyantstil, noch größere Ähnlichkeiten. Der dritte Stil aber, der Perpendikularstil, ist so englisch, daß man nirgendwo etwas Vergleichbares finden wird. Man erkennt ihn sogleich an den fast in die Horizontale gezogenen Deckengewölben und Fensterbögen. Wenn er trotzdem „perpendicular", also senkrecht, heißt, dann deshalb, weil die Fenster von senkrechten Streben geteilt werden, die ohne Krümmung bis hinauf zum Fensterbogen gehen. Da diese Streben ihrerseits von horizontalen Querstreben geteilt werden, entsteht ein Gitter, das den Eindruck eines fast schon renaissancehaften Gleichgewichts von horizontalen und vertikalen Linien weckt. Pevsner spricht hier von „grid" und sieht darin ebenfalls einen typisch englischen Zug. Der Perpendikularstil hat in manchen Fällen, zum Beispiel in der Kapelle Heinrichs VII. in der Westminster Abtei, Deckengewölbe von orientalischer Üppigkeit geschaffen. Die Mehrzahl der Bauten aber, vor allem Meisterwerke wie die Kapelle des King's College in Cambridge, beeindrucken durch ihre nüchterne technische Virtuosität. In der genannten Kapelle stockt dem Betrachter der Atem, wenn er sich klarmacht, daß das fast horizontale Gewölbe von über 1800 Tonnen Gewicht vierzehn Meter überspannt und dabei nur durch den Druck der verkeilten Steine gehalten wird. Technisch wurde dies durch den Kunstgriff des Fächergewölbes möglich, wodurch sich die gewaltige Steinlast auf so viele Rippen verteilt, daß jede einzelne nur noch ein geringes Gewicht zu tragen hat. Die gesamte Kapelle besteht fast nur aus dem statisch unverzichtbaren Steinskelett, so daß an Stelle massiger Wände zwischen den Säulen Raum für prachtvolle bunte Fenster war, deren strenges, rechtwinkliges Gitterwerk in eigentümlichem Kontrast zur Glut der Farben steht.

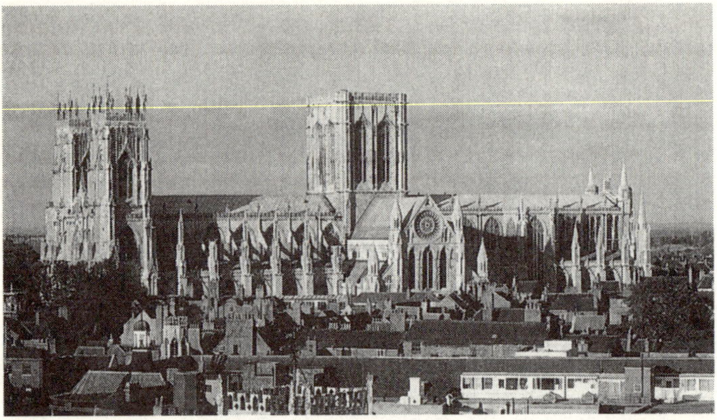

Abb. 11: Kathedrale von York (13. bis 15. Jh.).

Abb. 12: London, *Parlamentsgebäude* von Sir Charles Barry (1840–50): Neogotik, die das Grid des Perpendikularstils zum Exzeß treibt.

Abb. 13: Burghley House bei Stamford (1555–1587): Renaissancehafte Fortsetzung des Tudorstils.

Abb. 14: Bath, *Lansdown Crescent* von John Palmer (1789–93): Die englische Erfindung der *terraced houses*.

Da sich der Perpendikularstil als letzter ausgebildet hatte, nachdem die meisten der großen Kathedralen schon fertig waren, ging er vor allem in die später errichteten Gemeindekirchen ein und wurde so zu einem typisch englischen Stil, dem man auf Schritt und Tritt begegnet. Im 15. und mehr noch im 16. Jahrhundert, also nach der Reformation und der Auflösung der Klöster, wurde der Perpendikularstil auf Profanbauten übertragen, wo man ihn dann als Tudorstil bezeichnet. Die beiden charakteristischen Elemente, der extrem flache Spitzbogen (Tudorbogen) und das Gitter aus horizontalen und vertikalen Linien in den Fenstern und Fassaden, prägen auch dort den Gesamteindruck. Das *grid* wurde später sogar in die klassizistische Architektur des 18. Jahrhunderts übernommen. In Städten wie Edinburg oder Bath, in denen ganze Straßenzüge und Stadtteile in reinstem Klassizismus des 18. Jahrhunderts erhalten geblieben sind, sieht man auf den ersten Blick, wie sich Haus um Haus in ein nicht enden wollendes Grid-Muster einfügt. Als im 19. Jahrhundert die Gotik wiederbelebt wurde, kehrte man zum *grid* des Perpendikularstils zurück. Das Londoner Parlamentsgebäude ist ein Musterbeispiel dafür. Seine Fassade scheint ein einziges Gitterwerk zu sein, in dem sich die immer gleichen Einheiten ständig wiederholen. Dies scheint der typischste Zug der englischen Architektur zu sein. Sie strebt keinen Bau an, in dem alle Bauteile einer einzigen zentralen Idee untergeordnet sind, sondern einen, bei dem lauter gleiche Segmente additiv aneinandergefügt werden. Man könnte darin das Abbild einer horizontalisierten Gesellschaft sehen, die auf der einen Seite die Bewahrung des Individuums und auf der anderen dessen Einfügung in die Phalanx der Gleichen anstrebte.

Im 18. Jahrhundert entstanden in England die sogenannten *terraced houses*. Das waren lange Zeilen von weitgehend identischen Stadthäusern, wie sie das Stadtbild von Bath und Edinburg prägen. Während es sich dort um Häuser der oberen Mittelschicht handelt, die so im klassischen Stil erbaut sind, daß eine lange Reihe von ihnen wie eine einzige Schloßfassade wirkt, ist später im 19. Jahrhundert daraus die bedrückende Monotonie der Arbeitersiedlungen geworden, in denen sich kilometerlang die immer gleichen Häuser aneinanderreihen. Und doch drückt sich auch in dieser Uniformität noch das Credo des englischen Individualismus aus: „My home is my castle." Bis heute ist England ein Land der Einfamilienhäuser geblieben. Erst in neuester Zeit zwang die Wohnungsnot zum Bau von großen Wohnblocks, die jeder Engländer von der unteren Mittelschicht aufwärts als unwürdige Behausungen empfindet, selbst wenn sie mehr Wohnkomfort bieten als viele der engen, schlecht beheizten und wegen fehlender Unterkellerung fußkalten Einfamilienhäuser.

Neben dem städtischen Reihenhaus bildete sich in England noch eine andere Hausform aus, die sich als englischer Markenartikel über die ganze Welt verbreitete, das englische Landhaus. Da es in seinen Anfängen eine Einheit mit dem englischen Garten bildete, werden wir es im Zusammenhang mit diesem betrachten. Hier sei nur soviel gesagt, daß selbst die Spätform des Landhauses, die sich durch bizarre Exzentrizität auszeichnet, die oben genannten Stilelemente aufweist. Es zeigt sich darin die gleiche Horizontalität; in den Imitationen des Perpendikularstils und des Tudorfachwerks kommt die gleiche Liebe zum *grid* zum Ausdruck; und auch die Addition individualisierter Baukörper ist zu beobachten.

b) Malerei

Das Rätsel der englischen Malerei ist ihr später Beginn. In der Zeit von Giotto bis Watteau schlief sie einen Dornröschenschlaf, aus dem sie erst durch William Hogarth geweckt wurde. Dabei gab es in der Zeit davor auf englischem Boden durchaus große Malerei, nur eben nicht von Engländern. So lebte Hans Holbein von 1532 bis zu seinem Tode 1543 in England und war seit 1536 offizieller Hofmaler Heinrichs VIII. Hundert Jahre später wurde Rubens von Karl I. nach London gerufen, wo er die Deckenentwürfe für das Banqueting House schuf. Sein Schüler van Dyck war schon vor ihm kurze Zeit für Jakob I. tätig gewesen, kehrte danach 1632 als Hofmaler an den Hof Karls I. zurück und blieb bis zu seinem Tode 1641 in England.

Daneben gab es andere, weniger prominente Immigranten wie die Holländer Peter Lely und Godfrey Kneller, die in England offenbar so gute Verdienstmöglichkeiten fanden, daß sie sich dort niederließen. Nachfrage nach guter Malerei scheint es also gegeben zu haben. Wie kommt es dann, daß kein Engländer sich zur Malerei berufen fühlte?

Um der Gerechtigkeit willen muß allerdings gesagt werden, daß es eine auf dem Kontinent nahezu unbekannte Form englischer Malerei gab, die so typisch englisch ist wie der Perpendikularstil in der Architektur. Es ist die Miniaturmalerei, deren größter Meister Nicholas Hilliard war. Auf diesem Felde hatten Engländer eine Maltechnik entwickelt, bei der mit winzigen Dreihaarpinseln Porträts von Pfenniggröße gemalt wurden, auf denen selbst der Glanzpunkt einzelner Perlen auf dem Geschmeide der porträtierten Dame nicht fehlte. Man geht sicher nicht fehl, wenn man in dieser Abkehr von der in ganz Europa üblichen Repräsentationsmalerei und in der Hinwendung zum Privaten die Anfänge einer Verbürgerlichung der Kunst sieht. Die Miniaturmalerei befriedigte damals das gleiche Bedürfnis nach privaten Porträts wie dreihundert Jahre später die Fotografie.

An Maltechnik hat es den Engländern also nicht gefehlt. Weshalb malten sie dann nicht auf Leinwand und überließen statt dessen das Feld den Einwanderern vom Kontinent? Einige plausible, aber nicht ganz ausreichende Gründe lassen sich nennen. Das große Jahrhundert der italienischen Renaissance war das fünfzehnte. Just dieses Jahrhundert war aber die Zeit, in der England zuerst die Niederlagen im Hundertjährigen Krieg gegen Frankreich hinnehmen und schließlich den Kontinent verlassen mußte. Wenig später setzten die Rosenkriege um die englische Thronfolge ein, die nicht nur das Land in Kriegswirren stürzten, sondern auch den Hochadel so stark dezimierten, daß sich die Zahl potentieller Auftraggeber für die Maler stark verringerte. Da England im Vergleich zu Italien, Deutschland und Frankreich ohnehin ein bevölkerungsarmes Land war, muß die dadurch begrenzte Nachfrage nach Bildern als wichtiger Faktor bedacht werden. Nachdem sich das Land von den Wirren des kulturell sterilen 15. Jahrhunderts erholt hatte und unter Heinrich VIII. zu einem neuen Aufstieg ansetzte, folgte bald darauf die Reformation mit dem zweimaligen Wechsel der Staatsreligion. Und danach begannen die Puritaner aktiv zu werden, für deren radikale Vertreter jede bildliche Darstellung verwerflich war, vor allem, wenn es sich um religiöse Themen handelte. Die Folge war, besonders während des Bürgerkriegs, ein zeitweiliger Bildersturm, bei dem die unteren Figurenreihen mancher Kathedralenfassade ihre Köpfe einbüßten und viele der farbenprächtigen Glasfenster zerstört wurden. Das alles erklärt, weshalb England zu dem einen großen Themenkreis der Malerei, der Bibel und den Heiligenlegenden, nichts beigetragen hat. Schwer erklärlich bleibt aber, weshalb der Hof und der Hochadel nicht nach dem anderen großen Themenkreis verlangte, nämlich der antiken Mythologie. In der Literatur gab es ein intensives Bemühen, die griechisch-römische Sagenwelt zu assimilieren und womöglich – wie bei Spenser – in eine britische Mythologie umzuformen. Doch nichts davon hat seinen Niederschlag in der Malerei gefunden. Erst im 18. Jahrhundert fand England zu einer eigenen malerischen Weltsicht. Es waren drei Gattungen, auf die sich nahezu die gesamte englische Malerei beschränkte: das Porträt, wobei die typisch englische Form das Ganzporträt vor einem Landschaftshintergrund war, das Genrebild, dessen englische Form als *conversation piece* bezeichnet wurde, und die Landschaftsmalerei. Letztere entwickelte sich bald zu einem genuin englischen Beitrag zur europäischen Malerei, nämlich zur Aquarellmalerei. Was auffällig fehlte, waren – neben den schon genannten religiösen und mythologischen Szenen – Stilleben und Akte. Dafür schufen die Engländer aber etwas, was bald zu einem Markenartikel wurde, die sogenannten *sporting scenes*, d. h. Darstellungen von Pferderennen, Fuchsjagden und dergleichen, die als Graphiken reißenden Absatz fanden. Unter den vielen, die den Markt damit bedienten, ragt einer heraus, den die Engländer als einen ihrer Großen ansehen, obwohl er kaum etwas anderes als Pferde gemalt hat, George Stubbs. Die Nachfrage nach Porträts und *sporting scenes* bedarf keiner Erklärung; sie lag beim englischen Landadel auf der

Hand. Auch die Vorliebe reicher Stadtbürger für die *conversation pieces* überrascht nicht. Anders verhält es sich mit der Landschaftsmalerei. Gainsborough, neben Reynolds der bedeutendste Porträtmaler seiner Zeit, empfand das ewige Porträtieren als eine lästige Bürde und erholte sich davon gern beim Malen von Landschaften. Nur ließen sich die zu seinem Leidwesen schwer verkaufen. Die Landschaften entsprachen zwar ganz dem Geschmack der Zeit, doch die potenten Käufer hielten es oft für sinnvoller, ihr Geld in die reale Landschaft eines Parks zu investieren statt in eine bloß gemalte.

Die Abwesenheit religiöser Motive wurde mit dem Hinweis auf den Puritanismus schon halb erklärt. Außerdem herrschte das ganze 17. und 18. Jahrhundert hindurch in England eine antikatholische Stimmung, die die Ausprägung eines Barockstils verhinderte, der als Stil der Gegenreformation für Engländer nicht akzeptabel war. Sie zogen die antike Klassik vor, die den Vorzug hatte, daß sie sowohl den Konservativen als höfisch-augustäische Klassik zusagte wie auch den Liberal-Fortschrittlichen, die mit Klassik athenische Demokratie verbanden. Letzteres ist übrigens der Grund, weshalb die Amerikaner die gleiche Vorliebe für den Klassizismus entwickelten wie der englische Hof und die englische Aristokratie, die politisch im entgegengesetzten Lager standen. Am Beispiel des Landschaftsgartens werden wir zeigen, daß der Klassizismus in England von Anfang an in enger Verschwisterung mit einer romantischen Stiltendenz auftrat, mit der er schließlich zum englischen Ideal des Pittoresken verschmolz, wenngleich es daneben auch immer wieder zu Versuchen der Wiederbelebung des Klassischen kam.

Am englischsten ist die englische Malerei dort, wo sie der Natur und dem Geschmacksideal des Pittoresken am nächsten kommt. So kann es nicht wundern, daß Constables *Heuwagen* zu den bei Engländern beliebtesten Bildern zählt. Constable dürfte mit seinem naturnahen Realismus bei gleichzeitiger Auflösung der Realität in einen malerischen Gesamteindruck von den meisten Briten als der englischste Maler überhaupt empfunden werden. Er ist für sie das, was Caspar David Friedrich für die Deutschen bedeutet.

Abb. 15: Thomas Gainsborough, *Der Morgenspaziergang* (1785).
Typisch englisch ist das Ganzporträt vor Landschaftshintergrund.

Abb. 16: John Constable, *Der Heuwagen* (1821). Pittoresk und realistisch zugleich.

Abb. 17: Joseph Mallord William Turner, *Norham Castle* (1835–40). Ölmalerei in Aquarellmanier.

Ein anderes Merkmal der englischen Malerei ist ihr Zug zum Individuellen, Privaten und Natürlichen. Ausländer pflegen als besonders typisch die Bilder von Gainsborough zu empfinden, auf denen die porträtierte Person in einen fast romantischen Landschaftsausschnitt eingefügt ist. Bei diesem Maler scheinen sich die Figuren fast impressionistisch in der Landschaft aufzulösen. Noch einen Schritt weiter in diese Richtung geht die englische Aquarellmalerei. Sie ist noch privater und intimer, da sie – wie früher schon die Miniaturmalerei – die Funktion erfüllte, die heute die Fotografie hat. Selbst Königin Viktoria nahm im Urlaub den Aquarellblock zur Hand und hielt nicht ganz untalentiert ihre Eindrücke fest. Der größte Aquarellmaler und einer der größten der englischen Kunst überhaupt, J.M.W. Turner, übertrug die aquarellistische Malweise auf die Leinwand und schuf damit geniale Visionen dessen, was wir als das englische Ideal des Pittoresken betrachtet haben und was David Watkin *the English vision* nennt.

c) Bildhauerei

Am allermerkwürdigsten ist das völlige Fehlen der Skulptur in der englischen Kunst, bis im 20. Jahrhundert Jakob Epstein nationalen Ruhm erlangte und Henry Moore die englische Skulptur an die Weltspitze führte. Pevsner erklärt lapidar, die Engländer seien kein skulpturales Volk. Weshalb haben sie dann aber die Fassaden einiger Kathedralen mit riesigen Figurenwänden geschmückt? Gewiß, es ist keine einzige Figur darunter, die sich mit den Naumburger Stifterfiguren oder dem Bamberger Reiter messen könnte. Aber es muß zumindest eine Vielzahl von geübten Bildhauern gegeben haben. Die Lösung des Rätsels dürfte eher auf der Nachfrageseite liegen. Die Skulptur ist noch stärker als die Malerei auf Repräsentation ausgerichtet, weshalb ja auch die bedeutendsten Werke öffentlich entweder in Kirchen, Schloßhöfen, auf Marktplätzen oder auf großen Brunnenanlagen zu bewundern sind. Der einzige Auftraggeber in England, der solch ein öffentliches Repräsentationsbedürfnis haben konnte, war aber der König. Die Bischöfe waren, wie wir schon sagten, anders als in Deutschland keine Territorialherren, und auch der Hochadel war es nicht. Folglich gab es außerhalb Londons keine Residenz, in der ein Landesherr öffentliche Repräsentation entfalten mußte. Damit fiel ein ganz wesentliches Motiv für große skulpturale Aufträge weg. Bliebe die Grabbildhauerei. Hier aber hatte sich in England die Tradition ausgebildet, das Grab in der Kirche oder der Kathedrale mit einer Messingplatte zu verschließen, in die ein holzschnittartiges Ganzkörperbild des Verstorbenen eingeritzt wurde. Pevsner würde wahrscheinlich auch dies als typisch englisch ansehen, da er Linearität für ein besonderes Merkmal der englischen Kunst hält. Vielleicht ist es aber auch nur eine praktische Folge der zahlenmäßigen Größe der englischen Gentry. Hätte man jedem Verstorbenen eine Skulptur errichtet, wären die Kirchen sehr schnell voll gewesen. Als schließlich das Pittoreske sich als englische Geschmacksnorm durchsetzte, mußte die Skulptur vollends in den Hintergrund treten, da sie diesem Ideal diametral entgegengesetzt war. Und selbst als Henry Moore seine großen Plastiken schuf, liebte er es, sie so in die Landschaft einzufügen, daß der gleiche malerische Effekt entstand wie einst durch die in ihre Gärten eingefügten klassizistischen Schlösser.

10. Der englische Garten

Im 18. Jahrhundert nahm die Kultur Englands endgültig das Gesicht an, das seitdem in kontinentalen Augen als typisch englisch gilt. Damals trennte sich England in Mode, Möbelbau, Kunst, Architektur, Philosophie und gesellschaftlicher Etikette von Frankreich, der anderen Hegemonialmacht in Fragen des Geschmacks. Das wird nirgends deutlicher als in jenem Kulturerzeugnis, das seitdem mit dem Adjektiv englisch weltweit zu einem festen Begriff geworden ist, dem englischen Garten. Da dieser stets als ästhetische Einbettung eines Hauses konzipiert wurde, müssen wir ihn in Verbindung mit dem zweiten englischen Kulturerzeugnis sehen, das ebenfalls zu einem festen Begriff geworden ist, dem englischen Landhaus. Wir haben schon mehr-

Abb. 18: Ein englischer Traum. *Croome Court* mit einem Landschaftsgarten von Capability Brown, gemalt von Richard Wilson in der Manier von Claude Lorrain (1758).

fach angedeutet, daß England, obwohl es wie Frankreich und Deutschland von einer kleinen Adelsschicht dominiert wurde, dennoch viel früher und viel stärker eine Tendenz zu bürgerlicher Intimität und Privatheit ausgebildet hat. Das hängt, wie wir sahen, mit der Tatsache zusammen, daß die englischen Hochadligen keine Territorialfürsten waren und deshalb auf ihren Schlössern einen höchst privaten Lebensstil pflegen konnten, der sich von dem eines Bürgers nur durch die größeren räumlichen und finanziellen Dimensionen unterschied. Nach der Entmachtung der Krone durch die Glorreiche Revolution gab es für die Adligen kaum noch die Verpflichtung, sich durch Repräsentation Ansehen bei Hofe zu verschaffen. Das erklärt, weshalb der englische Adel sich gerade im 18. Jahrhundert ganz auf den Ausbau seiner Landsitze konzentrierte. Überall entstanden neue Schlösser im klassizistischen Stil, oder es wurden alte

Tudorbauten, meist von Heinrich VIII. enteignete Klöster, klassizistisch umgestaltet. Das Stilideal zu Beginn des Jahrhunderts war ein barockisierender Klassizismus, der bald darauf einem strengen Palladianismus wich, bis in der zweiten Hälfte des Jahrhunderts Robert Adam seinen berühmten Adam-Stil schuf, in dem sich klassizistische Strenge und wohnliche Intimität wunderbar verbanden. Als *Georgian style* ging dieser Stil dann auch in die bürgerliche Architektur ein und prägt noch heute Städte wie Bath und Edinburg. Im 19. Jahrhundert erwarben sich dann auch wohlhabende Städter einen Landsitz und schufen dort jenen schon erwähnten Exportartikel, der in Berlin und Umgebung vor allem durch Muthesius populär wurde. Es ist das englische Landhaus, das sich unregelmäßig mit Erkern und Schrägen in die Landschaft einfügte und damit typisch pittoresk war. Das englische Landhaus des 18. Jahrhunderts war allerdings noch das genaue Gegenteil von romantisch. Vielmehr war es von klassizistischer Strenge, mit Säulenportiko und symmetrisch gegliederter Fassade. Sieht man einmal von den Häusern ab, die in der zweiten Hälfte des Jahrhunderts in dem damals gerade wiederbelebten gotischen Stil gebaut wurden, so gibt es am englischen Landhaus jener Zeit nichts Romantisches. Um so romantischer ist das, was das Haus umgibt, der Garten.

Bis ins frühe 18. Jahrhundert hinein hatten auch die Engländer ihre Gärten nach französischem und italienischem Vorbild angelegt. Es waren *ornamental gardens*, in denen noch der kleinste Strauch die formende Hand des Menschen erkennen lassen sollte. Wege, Rasenstücke und Blumenrabatten verrieten bei allem Formenreichtum eine strenge Künstlichkeit. Erste Kritik an dieser Einschnürung der Natur in ein von der Mode diktiertes Korsett regte sich schon gegen Ende des 17. Jahrhunderts. Mit dem Aufkommen der bürgerlichen Empfindsamkeitskultur wuchs die Kritik immer mehr, und bald wandte sich alles einer neuen Mode zu, die in ganz Europa als typisch englisch empfunden wurde. Es war der Landschaftsgarten, der die Illusion vermittelte, als ginge man durch ein Stück unberührter Natur. Bei der Betrachtung des pittoresken englischen Stilideals hatten wir Addisons Traum aus dem Jahre 1710 erwähnt, in dem ihm die

Freiheit als Göttin eines Naturreichs erschienen war, das die typischen Züge des Pittoresken trug. Darin zeigt sich bereits, daß das englische Gartenideal von Anfang an als sichtbarer Ausdruck von Freiheit empfunden wurde. Wie sehr selbst die Kontinentaleuropäer so fühlten, belegt kein englischer Garten besser als der, der just diesen Namen trägt, nämlich der Münchener. Er wurde in bewußter Reaktion auf die Französische Revolution geschaffen, und sein Urheber Benjamin Thomson, besser bekannt als Reichsgraf Rumford, hatte erklärt: „Mein Werk soll nicht bloß einem Stande, sondern dem ganzen Volke zugute kommen".

Die englischen Theoretiker, die sich im 18. Jahrhundert mit der Ästhetik des Gartens auseinandersetzten, haben das demokratische Element darin kaum jemals explizit ausgesprochen. Dies wäre auch kaum zu erwarten gewesen, da es zum Wesen ideologischer Ausdrucksformen gehört, daß ihre wahren Motive durch scheinbare Rationalisierungen verschleiert werden. Indirekt haben sie aber im Zusammenhang mit dem Garten ein höchst komplexes politisch-soziales Problem diskutiert. Sie suchten nach einer Schönheitsformel, und sie glaubten, sie in einer bestimmten Balance von Vielfalt und Einheit zu finden. Alle Teile eines Ensembles sollten sich zu einem Ganzen fügen. Wenn die Teile in das Ganze durch Veredelung eingefügt wurden, entstand Schönheit. Wenn sie aber vom Ganzen überwältigt und in ihm aufgelöst wurden, trat die Wirkung des Erhabenen ein. Die Engländer liebten nun aber, wie wir gezeigt haben, gerade solche Gebilde, in denen die einzelnen Teile weder vom Ganzen unterjocht noch in dieses durch Veredelung eingefügt wurden, vielmehr sollten sie in einer eigenwilligen Unregelmäßigkeit nebeneinander bestehen und dennoch ästhetische Lust bewirken. Es spricht alles dafür, daß dies das ästhetische Äquivalent zu der in England zuerst aufkommenden bürgerlich-freiheitlichen Gesellschaft ist. Es mag kurios anmuten, daß als Inbegriff der Balance zwischen Vielfalt und Einheit die Schlangenlinie galt. Der Maler Hogarth, der 1751 sein interessantes Buch *Analysis of Beauty* veröffentlichte, hielt die *serpentine line* für theoretisch so wichtig, daß er sie als „Schönheitslinie" bezeichnete und sie auf seinem Selbstporträt verewigte. Auf dem Bild schwingt sich über seine Palette die Schlangenlinie und darunter steht „line of beauty". Was ist an der Schlangenlinie so besonders, daß sie als Inbegriff von Vielfalt in der Einheit gelten konnte? Mathematisch gesehen ist es eine Sinuskurve. Das Charakteristische an einer solchen ist, daß sie an jedem Punkt eine andere Steigung hat, daß aber die Veränderung der Steigung wiederum nach einer Sinusfunktion erfolgt, nämlich Kosinus. Wir haben also innerhalb einer einzigen Funktion unendlich viele Punkte verschiedener Steigung, die ihrerseits wieder dieser Funktion gehorchen. Hogarth konnte von der mathematischen Gesetzmäßigkeit seiner Schlangenlinie noch gar nichts wissen, da die Differentialrechnung, auf der sie beruht, damals nur wenigen Eingeweihten bekannt war. Aber er hatte mit dem Auge des Malers intuitiv gespürt, daß es die Kurve war, die das Ideal von größtmöglicher Vielfalt bei größtmöglicher Einheit am besten verwirklichte. Auch die Gartenarchitekten wußten dies. Deshalb schufen sie künstliche Gewässer, die sich in Schlangenlinien durch den Park zogen. In Kensington Gardens, dem westlichen Teil des Hyde Parks, heißt ein See noch heute *The Serpentine*. Er hat zeitweilig traurige Berühmtheit erlangt, weil er das bevorzugte Gewässer war, in dem sich liebeskranke junge Frauen ertränkten. Ein anderes Mittel, mit dem die Gärtner die Vielfalt in der Einheit erhöhten, waren die sogenannten Hahas. Man versteht darunter versenkte Zäune, die einerseits unsichtbar sein sollten, um die Vision von grenzenloser Offenheit zu erreichen, andererseits aber doch das Vieh vom gepflegten Rasen fernhielten. Hahas hießen sie, weil dem Besucher ein erstauntes Aha entschlüpfte, wenn er plötzlich vor dem Graben stand, auf dessen Grund sich der Zaun befand. Auf diese Weise gelang es den Gartengestaltern, die gesamte Umgebung bis zum Horizont in die Einheit des Gartens aufzunehmen, wobei die Einheit selber unsichtbar blieb und nur im Zusammenspiel ihrer vielfältigen Teile spürbar war. In der Geschichte des englischen Gartens läßt sich beobachten, wie bei den ersten Großmeistern, bei William Kent und dem legendären Capability Brown, bei aller

Natürlichkeit noch eine klassische Klarheit der Linienführung vorherrschte, während danach bei Humphry Repton die pittoreske Vielfalt überwiegt.

Der englische Garten bewirkte auf dem Felde des Geschmacks annähernd das gleiche wie die Französische Revolution auf politischem Gebiet. In Friedrich Nicolais parodistischem Roman *Die Freuden des jungen Werthers* wird erzählt, wie sich oberhalb von Werthers kleinem Anwesen ein Engländer ansiedelt, der sogleich mit der Anlage eines englischen Gartens beginnt. Dazu gehörte selbstverständlich auch ein Teich mit künstlichem Wasserfall. Da aber bricht der Damm, und die Wassermassen spülen Werthers Gärtchen hinweg. Dies ist die Satire eines Aufklärers, der sich über die neue Mode lustig macht. Sie zeigt aber auch, wie Europa von dieser Mode buchstäblich überschwemmt wurde. Daß sich in der Ästhetik des englischen Landschaftsgartens ein modernes bürgerliches Freiheitsbewußtsein ausdrückte, dürfte hinreichend plausibel geworden sein. Trotzdem bleibt noch die Frage, weshalb dieses Bewußtsein sich ausgerechnet den Landschaftsgarten zum Medium wählte. Damit eine solche Kunstform entstehen kann, muß man sie nicht nur geschmacklich wollen, man muß sie sich auch leisten können. Im 17. Jahrhundert haben verschiedene englische Reisende ihre Verwunderung über die enorme Landverschwendung zum Ausdruck gebracht, die in Frankreich mit der Anlage großer Gärten betrieben wurde. Das war in einer Zeit, als England durch wiederkehrende Mißernten mehrfach von Hungersnöten heimgesucht wurde. Doch dann im 18. Jahrhundert, als die lang anhaltende landwirtschaftliche Revolution einsetzte, wurde England zu einem Weizenexporteur. Die Weizenüberschüsse waren für den Großgrundbesitz ein Anlaß, die Gin-Herstellung zu begünstigen, um den Preisverfall zu stoppen. Das löste im Land und vor allem in London die sogenannte Gin-Krise aus. In den dreißiger Jahren gab es in London Bezirke, wo jedes siebte Haus einer Straße einen Gin-Ausschank hatte. Die Auswirkungen auf den Gesundheitszustand der Bevölkerung waren so verheerend, daß zeitweilig die Londoner Sterberate über der Geburtenrate lag. Gegen den Widerstand des Großgrundbesitzes gelang es schließlich, durch steuerliche Maßnahmen den Gin-Konsum zu drosseln, und von da an setzte der steile Anstieg der Bevölkerungszahl ein, die sich innerhalb eines halben Jahrhunderts nahezu verdoppelte. Gegen diesen Hintergrund gesehen erscheint die Entwicklung des englischen Gartens auch ökonomisch als plausibel; denn es wurde dadurch Anbaufläche aus der Produktion genommen. Die „Stillegungsprämie", die der Großgrundbesitzer einheimste, war keine Subvention, dafür aber ein beträchtlicher Statusgewinn. Das 18. Jahrhundert war das des steilen Aufstiegs der hochadligen Großgrundbesitzer, die ihre Güter vor allem auf Kosten der niederen Gentry und der Freibauern vergrößerten. Letztere hatten oft nicht das Geld, die teuren Einhegungen zu finanzieren. Deshalb verkauften sie ihr Land und investierten ihr Kapital in städtische Manufakturunternehmen. Der Hochadel seinerseits hatte in der ersten Hälfte des Jahrhunderts oft mehr Kapital, als die Wirtschaft vor Beginn der industriellen Revolution aufnehmen konnte. So kam es zu dem, was der amerikanische Soziologe Thorstein Veblen *conspicuous consumption* nennt, also Konsum aus reinen Statusgründen. Damals war es durchaus keine Seltenheit, daß ein Adliger in einer Nacht zehntausend Pfund verspielte, das Jahreseinkommen von fünfhundert Arbeitern. Eine sehr viel sympathischere Form der Verschwendung war da die Stilllegung eines großen Areals fruchtbaren Ackerlandes und seine Umwandlung in einen vollkommen nutzlosen Park. Der Garten, und sei es auch nur das handtuchgroße Gärtchen hinter dem Reihenhaus, ist bis heute etwas, das in England mit tiefen Emotionen besetzt ist. In jeder Buchhandlung zeugt eine umfangreiche Abteilung für Gartenliteratur von dieser englischen Obsession. Und ein Cottage auf dem Lande ist noch heute der Traum jedes Engländers.

11. Die Wiege des bürgerlichen Bewußtseins

Die Sonne der europäischen Aufklärung ging im 18. Jahrhundert auf, und anders als in der Astronomie kam sie von Westen statt von Osten. Jenseits von Lessing liegt für uns Deutsche eine fremde Welt. Mit Minna von Barnhelm können wir uns mühelos identifizieren, mit Grimmelshausens Simplizissimus nicht. Die Aufklärung ist die große Wasserscheide, die uns von jener fremden Welt trennt. Sie hat das Ideeninventar hervorgebracht, mit dem selbst der unphilosophischste Kopf in unserer Zeit ausgestattet ist. Zu diesem Grundbestand gehört der Glaube an die Gleichberechtigung aller Menschen, an die Grundrechte der Meinungs- und Religionsfreiheit und an die Grundprinzipien der Demokratie, die von den Deutschen erst nach dem letzten Kriege vollständig verinnerlicht wurden. Zum Erbe des 18. Jahrhunderts gehört aber auch das „unglückliche Bewußtsein", das uns seitdem plagt. Seit Marx nennen wir es Entfremdung. Vorher waren die Menschen überzeugt, daß sie durch den Sündenfall das Paradies verloren hatten und daß sie erst nach dem Tod durch die Erlösungstat Jesu dorthin würden zurückkehren können. Diesseits der Wasserscheide glaubten und glauben sie, daß ihr Sündenfall auf einer Fehlentwicklung der Gesellschaft beruhe: auf der Entfremdung von der Natur durch eine verdorbene Zivilisation (Rousseau), auf der Entfremdung des Menschen vom Mitmenschen durch das Privateigentum (Frühsozialisten) und auf der Entfremdung des Arbeiters von seiner Arbeit und damit von sich selbst durch einen ausbeuterischen Produktionsprozeß (Marx).

Ob Marxist oder Antimarxist, fast jeder moderne Mensch teilt dieses nachaufklärerische Grundgefühl, das durch den Glauben an die Menschenrechte und durch das Gefühl der Entfremdung charakterisiert ist. Fragen wir nach den Wurzeln dieses Ideenguts, so schauen wir Deutsche zuerst westwärts nach Frankreich. Von dorther ist nach unserem Gefühl die erste Woge der Aufklärung über uns hinweggerollt. Montesquieu mit seiner Forderung nach Gewaltenteilung, Rousseau mit seinem Zurück-zur-Natur, die Enzyklopädisten mit ihrem Glauben, die Welt zur Vernunft bekehren zu können: In ihnen sehen wir die Väter jener Bewegung, die im Kantischen Denken über sich selbst hinaus gelangte und danach vom spekulativen Idealismus abgelöst wurde. Im allgemeinen Bewußtsein der Deutschen ist wenig bekannt, daß alle diese Grundgedanken schon lange vorher in England artikuliert worden waren. Die Forderung nach Presse- und Religionsfreiheit war bereits vom großen John Milton wortgewaltig vertreten worden. Die Idee der Gewaltenteilung hatte schon Locke verkündet. Der moderne Naturbegriff war lange vor Rousseau vom Grafen Shaftesbury propagiert worden. Die Vorstellung der Entfremdung durch das Privateigentum ist sogar noch älter. Sie wurde bereits durch den radikalen Flügel von Cromwells Gefolgschaft vertreten. Die sogenannten Levellers und Diggers, die damals den noch vergeblichen Versuch einer demokratischen und im Extremfall sogar kommunistischen Umgestaltung der Gesellschaft machten, haben schon fast alle Ideen vorausgedacht, die im 18. Jahrhundert ein zweites Mal neu geboren und im 19. von Marx zu einem Welterlösungsprogramm ausformuliert wurden.

Daß in England das Licht der Aufklärung ein Jahrhundert vor der eigentlichen Aufklärung zu leuchten begann, ist historisch nicht weiter verwunderlich, handelt es sich dabei doch um ein spezifisch bürgerliches Wertsystem; und da England schon während der Blüte des kontinentalen Absolutismus eine bürgerliche Gesellschaft auszubilden begann, ist es nur natürlich, daß es zugleich auch die dazu gehörige Ideologie produzierte. Bewußtseinsgeschichtlich stellt sich diese Entwicklung viel klarer als auf dem Kontinent dar, wo der gesamte Prozeß gegen den Widerstand des alten Systems gewaltsam durchgesetzt werden mußte. In England waren durch die Glorreiche Revolution hundert Jahre vor der Französischen Revolution die Weichen in Richtung auf eine bürgerliche Gesellschaft gestellt worden, und der anschließende Prozeß der Herausbildung des bürgerlichen Bewußtseins läßt sich am englischen 18. Jahrhundert wie an einem Lehrbuchbeispiel ablesen. Zwischen 1700 und 1800 fand dort eine ideologische Umpolung statt, bei der nicht nur einzelne Werte ausgewechselt, sondern das gesamte Wertesystem durch ein neues ersetzt wurde. Es war nach der Renaissance der zweite fundamentale ‚Paradigmenwechsel', wie solche Vorgänge heute im Jargon der Wissenschaft heißen. In der Renaissance war die Rolle des Ideologieträgers von der Kirche auf die weltliche Führungselite übergegangen, weshalb sich die neuen Werte vor allem in den Repräsentationskünsten – in Architektur, Skulptur und Malerei – ausdrückten. Im 18. Jahrhundert ging diese Rolle von der Führungselite auf das Bürgertum über, und es waren jetzt die kommunikativen Künste, allen voran die Literatur, worin sich das Neue artikulierte. Man kann sich den Paradigmenwechsel am besten dadurch veranschaulichen, daß man einmal die Wertbegriffe vom Anfang und vom Ende des Jahrhunderts gegenüberstellt. Man erhält dann das folgende Schema:

1700	1800
Vernunft	Einbildungskraft
Denken	Fühlen
Bildung	Genie
Geschmack	Intuition
Nachahmung	originale Schöpfung
Antike	Mittelalter
Klassik	Gotik
poeta doctus	Volksdichter
Satire	Lied
Kultur	Natur
Gesellschaft	Individuum
das Schöne	das Erhabene

Würde man für jeden der aufgeführten Begriffe das entsprechende englische Wort einsetzen und dieses dann im englischen Schrifttum verfolgen, würde sich zeigen, wie zu Beginn des Jahrhunderts alle Begriffe der ersten Säule die Literatur wie Leitfossilien durchziehen, wie sie dann langsam absinken und mehr und mehr von Begriffen der zweiten Säule überlagert werden. Fast alle Begriffe der zweiten Säule sind bei den fortschrittlichsten Autoren und Vordenkern auch schon um 1700 da, sie werden aber noch von denen der ersten Säule dominiert. Und umgekehrt sind die Wertnormen der ersten Säule auch noch um 1800 präsent, allerdings in nachgeordneter Position. Aus englischer Sicht handelt es sich bei der linken Säule um das Normensystem des Neoklassizismus, bei der rechten um das der Romantik. Den Deutschen ist durch die eigentümliche Entwicklung ihrer nationalen Literatur der Blick für diesen Prozeß ein wenig verstellt. Sieht man genau hin, wird man leicht feststellen können, daß sich hierzulande bereits in der Epoche der Empfindsamkeit die Romantik anbahnt, daß sich diese im Sturm und Drang zu einer Frühromantik entfaltet und danach in eine Hoch- und Spätromantik übergegangen wäre, wenn nicht Goethe und Schiller den Keil der Weimarer Klassik dazwischengetrieben hätten. Dadurch erscheint uns die Romantik als etwas, das 1798 von Friedrich Schlegel programmatisch als Gegenbewegung zur Klassik eingeläutet wurde. Eine solche Sicht ist durch nationale Scheuklappen geprägt und blind für das, was ideologisch im 18. Jahrhundert geschah. Der langsame Aufstieg des romantischen Ideologems vollzog sich auch in Deutschland fast das ganze 18. Jahrhundert hindurch. Nur begann er etwas später, da er seine Impulse erst aus England empfangen hatte. Die Epoche der Empfindsamkeit verdankt sogar ihren Namen den Engländern; denn ‚empfindsam' ist die Lehnübersetzung für das englische Wort *sentimental*. Der Kult des Originalgenies, die Wiederentdeckung der Gotik, die Neubewertung des Mittelalters und das Sammeln der plötzlich hochgeschätzten Volksdichtung, alles dies hatte zuerst in England eingesetzt und war von dort, teilweise auf dem Umweg über Frankreich, nach Deutschland gelangt.

Wie ist dieser Wertewandel bewußtseins- und sozialgeschichtlich zu erklären? Ältere Germanisten wie Fritz Strich meinten, das Klassische und das Romantische seien polare Stilprinzipien, zwischen denen die Kunstgeschichte hin und her oszilliere. Ähnliches hatte Wölfflin für die bildende Kunst gesagt, nur hießen bei ihm die Stilprinzipien Renaissance und Barock. Die Vorstellung, daß Stile eine eigene Wesenheit hätten und gewissermaßen wie Platonische Ideen in der Welt des Geistes existieren, dürfte überholt sein. Heute glauben wir eher, daß sich in einem Stil und dem dahinterstehenden Normensystem die sozio-ökonomische Interessenlage der jeweils maßgeblichen Gesellschaftsschicht ausdrückt. Das klingt stark nach der marxistischen Basis-Überbau-Theorie. Nun mag sich Marx in vielem geirrt haben, mit einem Satz aber hatte er zweifellos recht, mit der Behauptung nämlich, daß die herrschenden Ideen einer Zeit immer die Ideen der Herrschenden sind. Aus deutscher Sicht könnte man vermuten, daß sich in dem linken Ideologem das höfisch-absolutistische Normensystem und im rechten das bürgerliche ausdrückt. Die englische Kultur war aber zu Beginn des 18. Jahrhunderts schon weitgehend verbürgerlicht. Im Neoklassizismus, dessen Credo Alexander Pope programmatisch formuliert hatte, drückte sich ein durchaus bürgerliches Wertesystem aus. Liest man Popes *Essay on Criticism* genauer, so wird man finden, daß unter der klassizistischen Oberfläche die meisten der romantischen Normen schon anklingen. Klassizismus und Romantik erscheinen demnach wie zwei Seiten einer Medaille, die im Lauf des Jahrhunderts nur einfach umgedreht wurde. Wenn nun aber beide Stile Ausdruck der bürgerlichen Interessenlage waren, was waren dann diese Interessen?

Der Aufstieg des Bürgertums in England beginnt mit der Freisetzung des Bürgers aus den Bindungen der Feudalhierarchie. In letzterer sah der einzelne sich an einen Platz gestellt, den er nicht verlassen durfte. Nach der Lockerung dieser Bindung bot sich ihm die Möglichkeit des ökonomischen und sozialen Aufstiegs. Um aber mit gutem Gewissen aus der bis dahin als gottgewollt angesehenen Ordnung ausbrechen zu können, bedurfte es einer ideologischen Rechtfertigung. Es gab dafür zwei alternative Legitimationsgrundlagen. Entweder konnte man sich auf den großen Gleichmacher unter den Menschen, auf die in allen Individuen nach gleichen Gesetzen wirkende Vernunft, berufen oder aber auf das, was ebenfalls jedem Einzelnen ohne erbliches Privileg zugeteilt ist, nämlich auf die Natur. Zu letzterer gehörte alles, was den Menschen als Einzelperson auszeichnet: Phantasie, Kreativität, Genie, Gefühl, Individualität. Berief der Bürger sich auf die Vernunft, mußte er statt dessen die Werte der rationalen Kultur, das kollektiv Erdachte und Erlernte, auf sein Panier schreiben. Natur und Vernunft waren also zwei alternative Basiswerte, auf denen das Bürgertum aus der gleichen Interessenlage heraus zwei entgegengesetzte Normensysteme begründen konnte. Allerdings setzte das klassisch-rationale Normensystem einen Bildungsprozeß voraus, den sich nur die Wohlhabenden leisten konnten, während die romantischen Werte auch noch vom ärmsten Landarbeiter wirklich gelebt werden konnten. Außerdem ist die Gleichmacherin Vernunft selber hierarchisch strukturiert, weshalb nicht nur die bürgerliche Aufklärung, sondern auch der höfische Absolutismus sich auf sie berief. Das erklärt, weshalb das bürgerliche Normensystem sich schließlich zur romantischen Seite neigte.

Die Bewußtseinsgeschichte des Jahrhunderts zeigt, wie die englische Gesellschaft zwischen den beiden Ideologemen hin und her schwankte und sich sehr oft für beide gleichzeitig entschied. Das sichtbare Symbol dieses Schwankens ist der englische Landsitz, der in seiner Architektur den klassizistischen Normen folgt, der aber von einem durch und durch romantischen Garten umgeben ist. Das Vorbild dafür war, wie wir sagten, die Malerei Claude Lorrains. Eine ähnliche Kombination finden wir hundert Jahre später in Deutschland bei Schinkel, der unser größter klassizistischer Architekt war, aber genauso romantisch malte wie Caspar David Friedrich. Lorrain und Schinkel markieren somit die Grenzpfeiler einer Epoche, in der sich diese zwiegesichtige Gesellschaft aus der klassisch-höfischen Welt löste und zur bürgerlichen Romantik hin entwickelte. Daß es gerade England war, wo dieser Prozeß begann, hatte einen Grund, den wir schon früher erörtert haben, nämlich die Tatsache, daß sich dort eine breite Mittelschicht ausgebildet hatte, die sich aus einer aristokratischen Hälfte, der Gentry, und einer bürgerlichen, dem städtischen Kaufmannstum, zusammensetzte. Es verwundert deshalb nicht, daß sich diese Mittelschicht zu beiden Optionen hingezogen fühlte. Mit dem zunehmenden Gewicht des eigentlichen Bürgertums neigte sich die Waage dann aber zur romantischen Seite hin, aus den bereits genannten Gründen. Auch die Vereinigten Staaten von Amerika, die von Anfang an bürgerlich und demokratisch waren, hatten sich in ihrer Literatur und in ihrer Alltagsethik für die romantische Seite entschieden. Ihr Staatswesen aber gründeten sie auf Prinzipien der Vernunft, und als architektonischen Ausdruck dieser Prinzipien wählten sie einen strengen Klassizismus. England hat die Spannung zwischen den beiden Optionen auf typisch englische Weise gelöst, durch den Kompromiß des Pittoresken.

12. Philosophie ohne Dialektik

Auf keinem Feld des Geistes stehen sich Deutsche und Engländer so fremd gegenüber wie auf dem der Philosophie. Das war nicht immer so. Als Kant durch Hume nach eigenen Worten „aus seinem dogmatischen Schlummer geweckt" wurde, galten die englischen Denker als die Pioniere einer ganz neuen, modernen Philosophie. Damals hatten die Deutschen das Gefühl, als Zwerge auf den Schultern englischer Riesen zu stehen. Auch Goethe bezeichnete 1783 die Engländer noch als seine Lehrmeister. Aber schon um die Wende zum 19. Jahrhundert schlug den englischen Denkern von deutscher Seite unverhohlene Verachtung entgegen. Engländer galten auf einmal als „erbärmliche Empiriker", wie Crabb Robinson 1802 an seinen Bruder nach Hause schreibt. Und Friedrich Schlegel nennt die Briten eine „zwischen Merkantilität und Mathematik geteilte Nation". Was war geschehen, daß die einstigen Pioniere des modernen Denkens so plötzlich zur Nachhut geworden waren? Im letzten Jahrzehnt des 18. Jahrhunderts war in Deutschland auf dem Boden der Kantischen Kritiken etwas entstanden, was danach bis heute eine spezifisch deutsche Form des Philosophierens blieb: das spekulative Denken. Der Schlüsselbegriff dieses Denkens war die Dialektik, was zunächst nur ein anderes Wort für Spekulation war, bevor Hegel daraus einen Begriff für die innere Struktur des Denkens selbst machte. Dialektik ist nach Hegel „die wissenschaftliche Anwendung der in der Natur des Denkens liegenden Gesetzmäßigkeiten und zugleich diese Gesetzmäßigkeit selbst". Dialektik war die Zauberformel der Deutschen, mit der sie das Denken von der empirischen Wirklichkeitserfahrung abkoppelten und in ein Reich grenzenloser Freiheit verwandelten. Die ideologischen Gründe dieser Flucht in die geistige Freiheit sind leicht zu durchschauen. Das vom Absolutismus geknebelte, danach von Napoleon besetzte und dann von Preußen und Metternich in das Korsett der Restauration geschnürte Deutschland hatte kein anderes Reich der Freiheit als eben das des Geistes. Und das blieb so, mit der kurzen Unterbrechung durch die Weimarer Republik, bis zum

Ende des Zweiten Weltkriegs. Kein Wunder also, daß das spekulativ-dialektische Denken eine typisch deutsche Angelegenheit war und nur dort übernommen wurde, wo die gleiche gesellschaftliche Unfreiheit herrschte, nämlich in Rußland; dort allerdings in der von Marx angeblich vom Kopf auf die Füße gestellten Form. Der freiheitliche Westen, vor allem Großbritannien und die USA, hatten ein solches Surrogat nicht nötig. Deshalb blieb ihnen das dialektische Denken fremd.

Da das Denken sich trotz seiner Unendlichkeit und Unbegrenztheit stets als die geschlossene Ganzheit eines Subjekts erfährt, auf die jeder Begriff bezogen ist und von der jeder Begriff seinen Wahrheitsgehalt empfängt, mußte Totalität zu einem Zentralbegriff der dialektischen Philosophie werden. Dialektisch denken heißt seitdem – etwas vereinfacht ausgedrückt –, jedes Teil als bedingt durch das Ganze und das Ganze als die Funktion seiner Teile zu verstehen. Und da die Totalität des Bewußtseins, in der das Weltganze erscheint, sich auf dem Zeitstrahl voranbewegt, mußte die Totalität obendrein noch als historischer Prozeß gedacht werden, der seinerseits wiederum eine dialektische Struktur aufweist. Aus diesem von Hegel entworfenen Grundmodell haben die deutschen Philosophen, die Rechtshegelianer ebenso wie die marxistischen Linkshegelianer, ihre Systeme geformt, für die die Engländer nur ein verständnisloses Kopfschütteln aufbrachten. Wie sollte es einem Briten einleuchten, daß man mit Hilfe einer Theorie den Willen des Weltgeistes erklären kann, der die Totalität des Ganzen bestimmt, wo doch jeder sehen konnte, daß sich der Wille des Ganzen als empirische Summe der Teile politisch im Parlament und ökonomisch in der freien Marktwirtschaft ausdrückt, während alles übrige kausal nach den Naturgesetzen abläuft? Der mit dem dialektischen Denken untrennbar verbundene Totalitätsbegriff ist dem englischen Denken vollkommen fremd. Daß aus einem Denken der Totalität sehr leicht auch ein totalitäres Denken werden kann, hat die jüngste Geschichte hinreichend bewiesen, was nicht heißen soll, daß Hegel für die Barbarei des Totalitarismus verantwortlich zu machen ist. Aber ohne das Denken der dialektischen Totalitätsphilosophie wären wahrscheinlich weder

Hitler noch Stalin möglich gewesen. Kein Diktator kann ein autoritäres Regime errichten, wenn er nicht auch die Köpfe seiner Untertanen unter ein totalitäres Joch zwingt. Das empiristische Denken der Briten scheint jedenfalls gegen solche Verführung immun zu sein.

Sieht man einmal von den wenigen englischen Denkern ab, die wie S. T. Coleridge oder die kleine Schule der englischen Hegelianer unter deutschen Einfluß geraten waren, so gab es nur einen einzigen großen Briten, der auf eigenem Weg in die Nähe des dialektischen Denkens gelangt ist, William Blake. Als einen Denker wird man diesen Visionär kaum bezeichnen können. Er war ein Maler und Dichter und darüber hinaus der Schöpfer einer Privatmythologie, die in grandioser Weise das ganze Universum umfaßte. Aber dieser Totalitätsentwurf bleibt auf eine eigenartige Weise sehr englisch, denn er bildet die Welt nicht als *einen* zu sich selbst kommenden Weltgeist ab, sondern stellt diesen Geist vielmehr als die Summe seiner sich bekämpfenden Kräfte dar. In diesem System kommt Satan die ehrenvolle Rolle zu, die stärkste Lebenskraft der Welt überhaupt zu sein, ohne die ein Fortschritt nicht möglich wäre. Dennoch wirkt Blake in der englischen Bewußtseinsgeschichte wie ein Fremdkörper. Und es ist wie eine Bestätigung dieses Eindrucks, wenn man erfährt, daß er seine entscheidenden Denkanstöße nicht aus irgendeiner englischen Denktradition empfangen hat, sondern von dem Deutschen Jakob Böhme. Die Sehnsucht nach Totalität war schon im deutschen Barock sehr stark, während sie in England nur in Hobbes' schon erwähntem Bild des Leviathan als positive Idee erscheint. Und selbst da ist die totale Unterwerfung unter einen allmächtigen Staat nur ein notwendiges Übel. Es ist bezeichnend, daß seine Staatstheorie in England immer ein Feindbild blieb und nie den leisesten Hauch eines Wunschbilds annahm.

Die englische Philosophie versteht sich heute mit großer Mehrheit als „analytische Philosophie“. Schon dieser Name zeigt an, daß sie das Gegenteil von metaphysischen Totalentwürfen anstrebt. Ihr Verfahren besteht in der Analyse von sprachlichen Sätzen, die auf die Möglichkeit von Wahrheitsaussagen hin geprüft werden. Auch dieser logische Empirismus ist typisch englisch.

13. Das Verschwinden des Tragischen aus der englischen Literatur

Eines der merkwürdigsten Phänomene der englischen Kultur ist das nahezu vollständige Verschwinden des Tragischen aus einer Literatur, die einmal den größten Tragiker des Abendlandes hervorgebracht hatte. Als 1642 die Puritaner die Schließung der Londoner Theater verfügten, ging eine beispiellose Blütezeit des europäischen Dramas zu Ende, die in einer einzigen Stadt innerhalb einer einzigen Generation mehr große Dichter hervorgebracht hatte als andere Literaturen in ihrer gesamten Geschichte. Das Drama hatte damals eine ähnliche Unterhaltungsfunktion wie in unserem Jahrhundert der Film. Doch anders als heute verlangten die Zuschauer für den Helden nicht den positiven Ausgang, der jedem Westernhelden beschieden ist. Vielmehr zogen sie gerade aus seinem Untergang die kathartische Befriedigung, deretwegen sie ins Theater gingen. Damals muß das Publikum geradezu süchtig nach tragischen Untergängen gewesen sein, während diese im sensationellen Unterhaltungsfilm unserer Zeit so auffallend fehlen. Im Western wie im Kriminalfilm wird der Verbrecher zur Strecke gebracht, und der gute Held überlebt. Im elisabethanischen Drama hingegen war es der schuldbeladene Held, der das Publikum zu positiver Identifikation einlud. Mit ihm hofften und litten sie, und dennoch zogen sie aus seinem Untergang lustvolle Befriedigung.

Wenn der Western etwas typisch Amerikanisches ist, dann muß man folgern, daß Amerikaner die sonderbare Lust der Elisabethaner nicht nachvollziehen können. Und in der Tat weist ihre gesamte Literatur so wenig Tragik auf, daß das Magazin *Life* am 2. Dezember 1946 einen vielzitierten Artikel mit dem Titel „Untragic America“ überschreiben konnte. Die Deutschen scheinen demgegenüber die Lust am Tragischen über einen sehr langen Zeitraum hinweg empfunden zu haben. Selbst wenn man die barocken Märtyrer- und Tyrannenstücke nicht als Tragödien gelten läßt, reicht doch von Lessing über Schiller, Kleist, Büchner, Grabbe, Grillparzer und Hebbel eine lange Reihe tragischer Dichtungen bis hin zum Spätwerk von Gerhart Hauptmann. In England dagegen bricht die Tragödientradition 1642 abrupt ab. Danach schrieb im 17. Jahrhundert der große Dichter Milton noch ein tragisches Lesedrama, und Dryden unternahm zusammen mit einigen Zeitgenossen den Versuch der Wiederbelebung der Tragödie in Gestalt der *heroic tragedy*, doch ist dabei kein einziges Stück mit echt tragischer Wirkung entstanden. Seitdem hat es in der englischen Literatur keine Tragödien mehr gegeben, allenfalls melodramatische Schauerstücke, in denen am Ende ein Verbrecher zur Strecke gebracht wird. Doch den schuldlos schuldigen tragischen Helden sucht man vergebens. Nur ein einziges Mal gab es noch einen Versuch der Wiederbelebung der Tragödie, allerdings nicht im Drama, sondern im Roman. Der Spätviktorianer Thomas Hardy versuchte in seinen letzten Romanen in ganz bewußter Anlehnung an die antike Tragödie tragische Schicksale zu gestalten. Doch wie schwer ihm dies wurde, zeigt sich daran, daß er einen Apparat von unwahrscheinlichsten Zufällen bemühen mußte, um seinen Helden und Heldinnen die Aura einer tragischen Schicksalsverstrickung zu geben. Trotzdem hat keine dieser Schicksalsverstrickungen das, was echte Tragik auszeichnet.

Wir haben an anderer Stelle eine Theorie vorgestellt, die zu erklären versucht, weshalb Tragödien nur zu ganz bestimmten Zeiten innerhalb sehr kurzer Zeiträume entstanden sind. Nach dieser Theorie entstehen Tragödien dort, wo eine aristokratische in eine egalitäre Gesellschaftsideologie übergeht und wo für kurze Zeit beide Ideologien gleichzeitig in den Köpfen der Menschen existieren. Die aristokratische Ideologie bringt sie dazu, sich positiv mit dem tragischen Helden zu identifizieren und um ihn zu fürchten, die egalitäre Ideologie ermöglicht ihnen, nach dem Sturz des Helden kathartische Befriedigung zu empfinden. Eine solche ideologische Konstellation gab es im fünften vorchristlichen Jahrhundert in Athen, im elisabethanischen England und in Deutschland während der langen Übergangsphase vom Absolutismus bis hin zur Weimarer Republik. Wir haben diese tragischen Epochen als gesellschaftsgeschichtliche Bruchzonen beschrieben, in denen sich wie in der Geotektonik zwei ideologische „Platten“ so gegeneinanderschoben, daß sich die entstehenden Spannungen in den „Erdbeben" der Tragödie entladen mußten. Das literarhistorische Beweismaterial für diese Theorie können wir hier nicht ausbreiten. Es ist aber auch so leicht festzustellen, daß es in England nach dem Bürgerkrieg nie mehr eine Epoche gegeben hat, in der die beiden obengenannten Ideologien gleichzeitig bestanden. Spätestens seit der Glorreichen Revolution, die durch den Bürgerkrieg vorbereitet worden war, kannte England nur noch die bürgerlich-egalitäre Ideologie, auch wenn es bis zur vollständigen Demokratisierung noch ein weiter Weg war. England bedurfte der tragischen Spannungslösung nicht mehr. In einer egalitären Gesellschaft konnte im Bewußtsein des Volkes keine große Neigung mehr bestehen, sich vertikal mit dem herausragenden Helden zu identifizieren. In den tragischen Epochen zog der Held, der kompromißlos jede Anpassung verweigerte, Bewunderung auf sich. In einer egalitären Gesellschaft mußte er als Störenfried und Quertreiber empfunden werden. Die demokratische Form der Eliminierung des Störenfrieds ist nicht mehr die tragische Vernichtung, sondern das Lächerlichmachen. Nachdem die große Zeit der elisabethanischen Tragödie mit der Schließung der Theater 1642 zu Ende gegangen war, hat England sich nach deren Wiedereröffnung nahezu vollständig für die komische Form der Nivellierung des Störenfrieds entschieden. Nur wo die Störung in einem Verbrechen bestand, reichte das Lächerlichmachen nicht aus. In einem solchen Fall mußte der Schuldige seiner Bestrafung zugeführt werden. Das aber war keine tragische Lösung mehr, sondern das Schuld-und-Sühne-Prinzip des bürgerlichen Trauerspiels, das sich im 19. Jahrhundert im Melodrama fortsetzte. Heute bekennt sich die ganze moderne Welt zu dieser untragischen Ideologie. Amerika hatte sie von Anfang an, und das frühe Verschwinden der Tragödie aus der englischen Literatur bestätigt nur, daß England lange vor den anderen Nationen Europas ein bürgerlich-egalitäres Denken entwickelt hat. Und das lange Festhalten der Deutschen an der Tragödie bis hin zu Gerhart Hauptmann in der Zeit des Nationalsozialismus bestätigt auf der anderen Seite, daß Deutschland auch auf diesem Felde eine verspätete Nation war.

14. Musik ohne Sinfonik

Am Vorabend des Ersten Weltkriegs überschrieb der deutsche Autor Oscar A. H. Schmitz sein kritisches, aber nicht gänzlich unfreundliches Buch über England mit dem Titel *Das Land ohne Musik*. Er konzedierte den Engländern „Güte, Menschenliebe, Frömmigkeit, Humor, Kunstsinn", nur nicht Musik. „Die Engländer sind das einzige Kulturvolk ohne eigene Musik". Das ist starker Toback gegenüber einem Land, das vor einem halben Jahrtausend einmal in ganz Europa berühmt war wegen seines John Dunstable, der einer der großen musikalischen Pioniere seiner Zeit war. Damals galten die Engländer als kühne Neuerer, die zum Beispiel die Terz als Harmonie verwendeten, die auf dem Kontinent noch als Dissonanz galt. Hundert Jahre später setzte eine zweite Blütezeit englischer Musik ein. Namen wie Byrd, Morley, Dowland und Orlando Gibbons stehen für einen überwältigenden Reichtum an Madrigalen, Lautenliedern und Stücken für Orgel und Virginal. Die englischen Virginalisten nehmen bis heute einen Ehrenplatz in der Geschichte der Klaviermusik ein. Ihren Höhepunkt und abrupten Abschluß erreichte die englische Musik mit Henry Purcell, der eine Generation vor Bach und Händel geboren wurde und schon mit 36 Jahren starb, aber dennoch so viel geschaffen hat, daß er neben den beiden Riesen gut bestehen kann. Danach hatte London zwar weiterhin ein blühendes Musikleben, doch die Musik wurde von Fremden gemacht: von Händel, der zum Engländer wurde und seitdem als größter Komponist des Landes gilt; vom Bachsohn Johann Christian und von Clementi, die beide bis zu ihrem Tod in London lebten; und von vielen Berühmtheiten wie Haydn, Mozart, Carl Maria von Weber und Mendelssohn, die alle nach England kamen und dort Triumphe feierten. Das Verschwinden der englischen Musik nach Purcell und ihre späte Wiederauferstehung mit Benjamin Britten kann also unmöglich auf mangelndes Interesse der Engländer zurückzuführen sein. Denkbar wäre allenfalls der genau entgegengesetzte Fall, daß nämlich die Engländer, und das waren in erster Linie die Londoner, so anspruchsvoll geworden waren, daß nur noch die Größten der europäischen Musik ihren Ansprüchen genügten. Und da sie reich genug waren, jene Fürsten der Musik angemessen zu entlohnen, könnte die heimische Produktion durch solche Konkurrenz förmlich erdrückt worden sein. Aber nach aller Erfahrung läßt ein Talent sich nicht durch Konkurrenz unterdrücken, im Gegenteil, es wird dadurch erst recht angespornt. Und selbst wenn der Erfolg ausbleibt wie bei Franz Schubert, das Genie setzt sich zum Nutzen der Nachwelt durch, auch wenn der geniale Mensch nichts davon hat.

Wo waren also die englischen Genies? Der Schlüssel zu diesem Rätsel liegt womöglich darin, daß die englische Musik just in der Zeit versiegte, als mit der Mannheimer Schule eine ganz neue Form auf den Plan trat, die zur klassischen Sinfonik hinführte. In der spätmittelalterlichen Mehrstimmigkeit hatten die Engländer brilliert, ebenso in der barocken Homophonie mit ihren Liedern, Tänzen und Suiten. Beide Formen gleichen auf eigenartige Weise dem Bauprinzip, das wir in der englischen Architektur aufgezeigt haben, nämlich der Linearität und der Addition von gleichartigen Elementen. Mit der Sinfonik kam aber eine Form der Musik auf, deren Bauprinzip wesentlich darin besteht, daß ein Gegensatz von Thema und Gegenthema gewissermaßen dialektisch entfaltet und in einer Totalität aufgehoben wird. So spekulativ dies klingen mag, im Kontext der vorangegangenen Argumente erscheint es doch nicht als ganz abwegig. Wenn das Fehlen des Totalitätsbegriffs eine charakteristische Leerstelle im englischen Bewußtsein darstellt und wenn auch die Tragödie, die laut Nietzsche aus „dem Geist der Musik“ geboren ist, in England verschwunden ist, dann darf man mit einigem Recht vermuten, daß es sich hier um einen zusammenhängenden ideologischen Komplex handelt. Der scharfe Konflikt zwischen dem Teil und dem Ganzen, der in der Tragödie wie in der sinfonischen Musik zur Auflösung des Teils im Ganzen führt, wird vom englischen Bewußtsein ganz anders gelöst, nämlich durch die lachende Reduktion des sperrigen Teils auf den Boden der Tatsachen bei unverändertem Fortbestehen seiner Individualität. Es mutet wie eine Bestätigung dieser Erklärung an, daß gegen Ende des 19. Jahrhunderts, als die „dialektische", klassisch-romantische Sinfonik überging in die deskriptive, spätromantische Programmusik, die englischen Komponisten auf einmal wieder dabei waren. Auch wenn Edward Elgar, Fredrick Delius und Vaughan Williams in Deutschland nicht als Sterne erster Ordnung gelten, werden sie in England viel gespielt. Ihre spätromantischen und impressionistischen Klanggemälde lassen sich ohne allzu gewaltsame Überdehnung des Begriffs durchaus als „pittoresk" bezeichnen und entsprechen damit genau dem zuvor aufgezeigten englischen Geschmacksideal.

So gering Englands Beitrag zum Repertoire der klassischen E-Musik blieb, so dominant wurde nach dem Zweiten Weltkrieg der zur U-Musik. Hier haben die Beatles und die Rolling Stones den Weltmarkt erobert und sind inzwischen selber zu Klassikern geworden. Selbst klassische Musik bedeutet für Engländer nicht das weihevolle Bildungserlebnis, das Deutsche von einem Sinfoniekonzert erwarten, sondern in erster Linie Unterhaltung. Das läßt sich schon an der Kleidung des Konzertpublikums ablesen. Auch wenn bei uns der Zwang zum Sonntagsstaat nachgelassen hat, würde doch niemand auf die Idee kommen, seinen Mantel zusammengerollt unter den Sitz zu schieben, wie man das in der Royal Festival Hall in London beobachten kann. Auch das Naserümpfen gegenüber der Popmusik, das bei deutschen Gebildeten vorherrscht, ist den Engländern fremd. Wo deutsche Gebildete zu Weihnachten Bachs Weihnachtsoratorium hören, genießen die britischen ihre Christmas Pantomime. Diese Mischung aus Märchenspiel, Revue, Satire und derber Komik ist eine nationale Institution, die im ganzen Land während der drei Wintermonate von Millionen genossen wird. Wenn über das Verschwinden von *merrie England* geklagt wird, in der Pantomime erlebt es alljährlich seine Wiedergeburt. In sozialer Hinsicht ist Deutschland egalitärer als die englische Klassengesellschaft, in kultureller ist es umgekehrt. Bei uns gibt es zwischen Hoch- und Trivialkultur nur wenig von dem, was die Engländer *middlebrow* nennen. Bei ihnen macht dieser Bereich der anspruchsvollen Unterhaltung seit dem Theater der Shakespearezeit die Hauptmasse des Kulturangebots aus.

Typisch englisch – ein Generalschlüssel

In den vorangegangenen Kapiteln haben wir Charakterzüge und gesellschaftliche Eigentümlichkeiten der Engländer aufgezeigt, die seit vielen Jahrhunderten von einheimischen wie ausländischen Beobachtern nahezu einhellig als typisch englisch empfunden werden, und wir haben in jedem einzelnen Fall Erklärungen versucht, in denen sich bereits ein einheitliches Grundmuster abzeichnete. Dieses Grundmuster wollen wir noch einmal mit klareren Konturen freilegen. Dabei soll uns der vergleichende Blick auf Deutschland noch stärker leiten als bisher. Die Rätsel, für die wir den Generalschlüssel suchen, lauten: Wie kommt es, daß das deutsche Denken in der Politik vom Staatsbegriff, in der Philosophie vom Totalitätsbegriff, in der Ästhetik vom Erhabenen und in der Literatur vom Tragischen dominiert wurde, während gerade diese Begriffe im englischen Denken so auffällig fehlen? Und wie kommt es auf der anderen Seite, daß die Engländer über Jahrhunderte hinweg dem Biegen gegenüber dem Brechen, der Einzelfall-Lösung gegenüber der allgemeinen Systematik und dem Kompromiß gegenüber dem rigorosen Prinzip den Vorzug gaben? Wenn es sich dabei um unterschiedliche Strategien sozialer Problemlösung handelt, dann müssen sie von so grundsätzlicher Natur sein, daß sie sich in allen Erscheinungsformen des gesellschaftlichen Lebens bemerkbar machen.

Das allgemeinste Problem menschlicher Vergesellschaftung liegt in der Frage, wie sich der Einzelne gegen die Interessen des Ganzen behaupten kann. Ohne die Preisgabe eines beträchtlichen Maßes an persönlicher Freiheit ist Gesellschaft als Ganzes nicht möglich, und ohne die Wahrung der unveräußerlichen Rechte des Einzelnen ist sie nicht menschlich. Es geht also darum, eine Form von Zusammenleben zu finden, bei der bestimmte Individuen im Interesse des Ganzen Herrschaft ausüben, während zugleich die unveräußerlichen Rechte jedes einzelnen geschützt sind. Grundsätzlich lassen sich zwei entgegengesetzte Lösungen denken. Entweder es wird zwischen beiden ein Puffer geschaffen, der als dritte Instanz die Beherrschten gegen die Willkür der Herrschenden sichert, oder es werden beide einer übergreifenden dritten Instanz unterworfen. England hatte sich spätestens seit dem *model parliament* Eduards I. von 1295 für die erste Lösung entschieden. Seitdem fungiert dort das Parlament als der Puffer zwischen dem Volk und den Inhabern der Macht. Den Deutschen war es nicht gelungen, den Reichstag des Mittelalters auf ähnliche Weise in ein Parlament umzuwandeln. Im Gegenteil, die Mitwirkungsrechte der Stände wurden unter dem Absolutismus noch weiter eingeschränkt. So suchten die Deutschen mit dem Beginn der Aufklärung nach einer dritten Instanz, die den Untertan und den Souverän gleichermaßen umfaßte, wobei sie ersteren schützen und letzteren einschränken sollte. Diese Instanz war der aufgeklärte, rechtsphilosophisch und moralisch begründete Staat, den Hegel ins Metaphysische überhöhte. Die Deutschen entschieden sich also – aus Not, nicht aus Neigung – für eine Lösung zugunsten des Ganzen, während den Engländern durch Glück und Geschick eine Lösung zugunsten der Teile gelungen war. Nichts charakterisiert die beiden Völker seitdem so sehr wie ihre unterschiedlichen Weisen, das Verhältnis des Teils zum Ganzen zu sehen.

Die englische Sicht ist dabei durch das Prinzip der Vermittlung bestimmt. So wie das Parlament zwischen dem Volk und dem Souverän vermittelte, so die Gentry zwischen Adel und Bürgertum und so die Anglikanische Staatskirche zwischen dem Römischen Katholizismus und dem radikalen Protestantismus. Vermittlung ist nur ein anderes Wort für Kompromiß. Das Verblüffende ist nun, daß sich diese Tendenz zur Vermittlung auch in allen anderen Bereichen der Kultur und Gesellschaft zeigt. Englands Entscheidung für das Pittoreske auf dem Felde des Geschmacks ist, wie wir zeigten, die Vermittlung zwischen dem Schönen und dem Erhabenen. Der englische Humor ist geradezu das internalisierte Organ für die Vermittlung gesellschaftlicher Spannungen. Selbst die Wirtschaftstheorie eines

Adam Smith beruhte auf Vermittlung, nämlich zwischen den Positionen Shaftesburys und Mandevilles. Vermittlung erscheint damit als die spezifisch englische Form der Lösung von sozialen Spannungen.

Ganz anders in Deutschland. Hier war im 18. Jahrhundert aus der nationalen Notlage heraus die ideologische Entscheidung zugunsten des Ganzen gefallen. Und auch hier hat diese Grundentscheidung das übrige Denken fundamental geprägt. In der Tragödie, um die die Deutschen seit Lessing mit Inbrunst gerungen haben, wird das tragische Individuum, das sich nicht einfügen will, gebrochen und damit die Ordnung des Ganzen wiederhergestellt. In der Philosophie erscheint das Ganze bei Hegel, Marx und ihren Nachfolgern in Gestalt des Totalitätsbegriffs. Und in der allgemeinen, ja sogar in der alltäglichen Ästhetik zeigt es sich in der Vorliebe der Deutschen für das Erhabene, dessen Wesen darauf beruht, daß das Individuelle in einer übermächtigen Ganzheit aufgelöst wird.

Wie sehr es sich hier um ein konsistentes Ideologem handelt, wird auf verblüffende Weise durch Ansichten des Engländers Matthew Arnold bestätigt. Dieser scharfsinnige Kritiker der Kultur des Viktorianismus zollte vor allem den kulturellen Leistungen des aufstrebenden Preußen Bewunderung. In seinem Buch *Culture and Anarchy* (1869) wirft er seinen Landsleuten vor, daß sie keine „Staatsidee" hätten und infolgedessen auch keinen Sinn fürs Erhabene. Statt dessen hätten sie einen ununterdrückbaren Hang zum *bathos*, d.h. zum unfreiwilligen oder absichtlichen Sturz vom Erhabenen ins Lächerliche. Genau dies ist aber das Grundprinzip des englischen Humors, der alles, was die Nase zu hoch trägt – Personen wie Ideen –, vom Sockel stürzt und dem Gelächter preisgibt.

Daß die Deutschen auch heute noch für das Erhabene empfänglich sind, wird durch einen Sachverhalt belegt, der ohne Zweifel typisch deutsch ist, durch ihre Liebe zum Wald. Weder Franzosen noch Engländer verspüren bei einem Waldspaziergang jene tiefe emotionale Bewegung, die sich im Herzen des Deutschen regt, wenn er die hohen Tannen oder Buchen über sich rauschen hört. Der Wald ist geradezu ein Symbol für die

Ganzheit, in der die Individualität der Bäume „aufgehoben“ ist, und zwar in dem dreifachen Hegelschen Sinn: emporgehoben, aufgelöst und aufbewahrt. Dies „Aufgehobensein“ ist genau das, was die deutsche Staatsutopie dem Bürger verheißt. Noch 1917, als der Erste Weltkrieg schon so gut wie verloren war, entwarf Thomas Mann in den *Betrachtungen eines Unpolitischen* für Deutschland den Traum der „machtgeschützten Innerlichkeit“ in einem Staat, der die Aura des Erhabenen trug, der dem einzelnen Geborgenheit gab und ihn zur Höhe einer kollektiven Geistigkeit erhob. Seinen fatalsten Ausdruck fand der deutsche Staats- und Erhabenheitskult dann auf den Nürnberger Parteitagen, wo unter dem „Lichtdom“ von unzähligen Scheinwerfern der grandiose Kitsch der Einschmelzung aller Individuen in die völkische Ganzheit inszeniert wurde.

Für das deutsche Denken galt – und gilt mit Einschränkungen noch heute –, daß es vor lauter Wald die Bäume nicht sieht. Die Engländer neigen eher dazu, vor lauter Bäumen den Wald nicht zu sehen. In England war es im 18. Jahrhundert zu einem buchstäblichen Baumkult gekommen. Riesige Bäume wurden damals ausgegraben und mit hohem Kostenaufwand dorthin verpflanzt, wo sie in ihrer majestätischen Eigenart am wirkungsvollsten zur Geltung kamen. England hat nur wenige große Wälder, aber es ist immer noch ein Land mit einem herrlichen Baumbestand, der zum Teil durch exotische Importe noch bereichert wurde. Überall in den Parks kann man weit ausladende Libanonzedern, chilenische Araucarien, immergrüne Mittelmeereichen und andere Bäume sehen, die sonst nur in botanischen Gärten anzutreffen sind. Der Schmerz, den die Deutschen beim Anblick ihrer sterbenden Wälder empfinden, befällt die Engländer allenfalls, wenn sie die toten Ulmen sehen, die von der holländischen Ulmenkrankheit fast vollständig hinweggerafft worden sind. Für die deutsche Waldromantik haben sie wenig Sinn. Wenn es irgendetwas gibt, was in ihrer nationalen Seele mit ebenso starken Gefühlen besetzt ist, dann ist es der Garten. Er symbolisiert für sie genau das, was jahrhundertelang die Geschichte ihres Volkes geprägt hat. Der Garten ist die Vermittlung zwischen dem Haus und der natürlichen Umwelt. Urbanität und ländliche Natur werden in ihm zu einem Kompromiß gebracht. Und das Geschmacksideal, das sie dabei leitet, ist der Reiz des Pittoresken, die Lust, die das Erkennen versteckter Ordnung im scheinbar Ungeordneten vermittelt. In der geistigen Sphäre haben sie noch einen zweiten Garten, ihren Humor. Auch er beruht auf dem Prinzip der Vermittlung von Gegensätzen, auch er bewirkt Lust, die durch das Erkennen von Wortspielen, Anspielungen und versteckten Pointen entsteht. Und auch er läßt die Individualität der exzentrischen Individuen, die der Gegenstand des Gelächters sind, unversehrt fortbestehen, so wie ein bizarrer Monkey Puzzle-Baum (ein Affenverwirrbaum, wie die chilenische Araucarie in England genannt wird) mit seinen langen, stachlig-wurstartigen Zweigen einem Garten eben jene Unregelmäßigkeit verleiht, die für Engländer den Reiz des Pittoresken ausmacht.

Wer sich einmal die ganze Fülle der Erscheinungsformen dieses englischen Individualismus vergegenwärtigt, der wird es dann vielleicht auch nicht als zu weitgehend empfinden, wenn wir als weiteres Beispiel die englische Architektur anführen. In ihr ist – wie Pevsner gezeigt hat – die Wiederholung nebengeordneter identischer Elemente ein charakteristischer Zug. Pevsner nennt es *compartmentation*. Man kann diesen Zug an allen Kathedralen, an späteren Schlössern, an den *terraced houses* des 18. Jahrhunderts und noch an den tristen, kilometerlangen Reihen von Arbeiterhäusern aus dem 19. Jahrhundert ablesen. Es zeigt sich darin das englische Bestreben, die einzelnen Individuen nebeneinander bestehen zu lassen, statt sie einem großen Ganzen unterzuordnen. Respekt vor der Individualität des Einzelnen, Ausgleich von Spannungen durch Vermittlung der Gegensätze, Humor als der verinnerlichte Instinkt für solche Vermittlungen und die tiefsitzende Scheu vor jedem Totalitätsanspruch, sei es seitens des Staates oder seitens einer Wahrheitsdoktrin, alles dies sind heute noch typische Merkmale des englischen Denkens und Fühlens.

Nun sind aber selbst die Engländer nicht imstande, jederzeit und bei jeder Gelegenheit ihrem Prinzip der Vermittlung zu folgen. Noch weniger können die Deutschen permanent das Pathos der Erhabenheit aushalten. Deshalb haben beide Völker in ihren Kulturen typische Entlastungsstrategien entwickelt. Die Strategie der Deutschen ist jedermann, selbst Ausländern, vertraut, es ist ihr Hang zur Gemütlichkeit. Er gilt als so typisch deutsch, daß die Engländer sogar das deutsche Wort als Fremdwort entlehnt haben. Wenn Caspar David Friedrich und Richard Wagner typisch deutsch sind, dann nicht minder Spitzweg und das deutsche Volkslied. Und selbstverständlich auch die Gartenzwerge. Der Blick auf die erhabenen Werte des Vaterlands, der hohen Kultur und der idealistischen Philosophie ist mit geistiger Anstrengung und Ehrfurcht verbunden, der Blick nach innen auf Heimat und Geborgenheit bildet dazu ein entlastendes Gegengewicht. Deshalb sind diese Vorstellungen für Deutsche mit starken Emotionen besetzt, und sie kommen nicht nur im Kitsch, sondern auch in der Kunst zum Ausdruck. Das deutsche Kunstlied, von Schubert bis Mahler, ist der vielleicht schönste, auf jeden Fall typischste Ausdruck eines Kunstwillens, der das Erhabene und das Gemütliche zu reiner Innerlichkeit verschmilzt. Und auch hier haben die Engländer das Wort ‚Lied' in ihre Sprache entlehnt. Die entsprechende englische Entlastungsstrategie, die dem internalisierten Zwang zur Vermittlung entgegengesetzt wird, ist das Beharren auf der Individualität, das sich am deutlichsten in der Liebe zu allem Exzentrischen ausdrückt. Daneben gibt es aber noch eine weniger schöne Strategie, die gewissermaßen das Pendant zum deutschen Kitschbedürfnis ist, nämlich der *cant*, auf den wir als englische Untugend schon eingegangen sind. Der fortwährende Zwang zur Selbstkontrolle, ohne den ein Ausgleich unterschiedlicher Interessen nicht möglich ist, verlangt mehr Charakterstärke, als selbst die Absolventen von Eton und Oxbridge jederzeit aufbringen können. Deshalb hat sich in England ein fein verästeltes Netz subtiler Heuchelei entwickelt, das die Engländer selber als ihr Hauptlaster empfinden.

Um den Unterschied zwischen Deutschland und England noch einmal auf eine knappe Formel zu bringen, wollen wir ein letztes Gleichnis bemühen. Wenn eine Gesellschaft ein hochkomplexer Mechanismus ist, in dem viele Rädchen ineinandergreifen müssen, dann gibt es zwei Möglichkeiten, das Funktionieren zu ermöglichen. Entweder man versucht, die Teile und das Ganze so perfekt aufeinander abzustimmen, daß die Maschine ohne allzu große Reibung läuft, oder man läßt den Teilen ihre Individualität und gibt statt dessen ein „Schmiermittel" hinzu. Das deutsche Denken ging immer in die erste Richtung, das englische in die zweite. Das Schmiermittel, das sich dabei seit Jahrhunderten bewährt hat, ist – wir sagten es früher schon einmal – der Markenartikel namens ‚englischer Humor'.

Ausblick

Unsere Behauptung, daß alle typischen Züge der Engländer in einer einzigen Formel zusammenlaufen, sieht nach grober Vereinfachung aus; und da die Formel den Briten zudem die Fähigkeit zu einer sanfteren und damit humaneren Form der Lösung sozialer Spannungen zuschreibt, erinnert das Ganze an das idealisierende Englandbild, das gerade Deutsche gern als positives Wunschbild entworfen haben. Heute wird sich der Leser fragen, ob das Bild überhaupt noch zutrifft. Seit den späten siebziger Jahren mehren sich Publikationen, die schon im Titel einen drohenden Niedergang, ja sogar das Auseinanderbrechen Großbritanniens beschwören. Ganz offensichtlich befindet sich England in einer tieferen Krise als seine westeuropäischen Nachbarn. Das kann nicht verwundern, da die Kriegszerstörungen dem europäischen Kontinent und vor allem Deutschland ironischerweise einen gewaltigen Innovationsschub beschert hatten, während in England die alten Strukturen vielfach erhalten geblieben waren und sich nun als Hemmnis für den ökonomischen und sozialen Fortschritt erweisen. Noch entscheidender für die Trübung des Englandbildes aus deutscher Sicht dürfte aber ein anderer Umstand sein. Bis Kriegsende war England für liberale Deutsche das, was es schon für deutsche Republikaner des 18. Jahrhunderts war: das fortschrittliche Vorbild für die eigene „verspätete Nation". Jetzt aber, wo sich auch die Deutschen zu den westlichen Werten bekennen, ist England für sie ein ganz normaler Staat in Europa. In diesem nüchterneren Licht treten nun auch die Mängel des britischen Systems deutlicher hervor. Das Fehlen einer geschriebenen Verfassung erweist sich mehr und mehr als ein Problem; die Abwesenheit starrer Klassenschranken verdeckt nicht länger die Mängel der Klassengesellschaft; das Ideal des Gentleman, das einst als Lebensform einer Herrscherklasse zur Stärkung des Empires beitrug, scheint im Wettbewerb unter Gleichen eher ein Leistungshemmnis zu sein; und die so erfolgreiche Sozialtechnik der Vermittlung wird, eben weil sie schon so alt ist, nach Regeln praktiziert, die jetzt eher rückständig anmuten. Man vergleiche nur einmal die Beziehungen zwischen Arbeitgebern und Gewerkschaften in England mit denen in Deutschland. Englands einstige Stärken erweisen sich im Wettbewerb mit den moderneren Konkurrenten zunehmend als Schwächen. So steht das Vereinigte Königreich unter einem stärkeren Zwang als das übrige Westeuropa, eine neue Ideologie auszubilden, aus der manche der Züge getilgt werden müßten, die den Engländern in den Augen ausländischer Beobachter den Charme einer sanfteren, humaneren Zivilisation verleihen. Statt „Gentleman, Muße und Natur", wie wir die erste Abbildung betitelten, wird das Bild der Zukunft „Bürger, Wettbewerb und Ökologie" heißen müssen. Früher als Deutschland und Frankreich hatte England eine stadtzentrierte Industriegesellschaft entwickelt. Die dadurch auftretenden Probleme der ideologischen Umorientierung konnte es zunächst in seiner „amphibischen Kultur" auffangen. Doch gerade diese Kultur erweist sich jetzt durch ihre historisch bedingte Tendenz zur *gentrification* als nicht mehr zeitgemäß.

Schon auf dem Höhepunkt der imperialen Machtentfaltung hatte sich die ökonomische Wende angebahnt. Als in der zweiten Hälfte des 19. Jahrhunderts Deutschland und die Vereinigten Staaten auf dem Felde des industriellen Wettbewerbs gegen England antraten, begannen beide Länder mit der Produktion von hochwertigem Stahl, während England noch lange seine alte Gußeisenindustrie weiterführte. Ähnlich war es nach dem letzten Kriege. Heute gleicht das Vereinigte Königreich seinen alten Adelsfamilien, die Besitztümer von unschätzbarem Wert angehäuft haben, deren Einkommen aber oft kaum ausreicht, um diesen Besitz zu unterhalten. Das Hauptproblem dürfte dabei weniger in der Ökonomie als im Bewußtsein der Gesellschaft liegen. Während die übrigen europäischen Staaten sich Verfassungen gegeben haben, in denen sich die Rationalität der modernen Industriegesellschaft abbildet, vertraut England weiterhin auf ein unkodifiziertes Normensystem, das wie die oben erwähnte Sozialtechnik nur virtuell im Bewußtsein des Volkes existiert. Sobald ein solcher Code in Frage gestellt wird, verliert er seine Bindungskraft und erweist sich dann als viel verletzlicher als die modernen, in Bürokratie umgesetzten Verfassungen. England steht jetzt im Wettbewerb mit seinen europäischen Partnern und muß sich an neue Spielregeln gewöhnen. Es befindet sich damit in der gleichen Lage wie die Cricket spielenden „Gentlemen", die seit 1819 anderthalb Jahrhunderte lang alljährlich auf dem Lord's Cricket Ground als Amateure gegen die professionellen „Players" antraten, bis sie 1962 einsehen mußten, daß auch dieser Sport inzwischen so professionalisiert war, daß Amateure keine Chance mehr hatten. Das Ende des traditionsreichen Turniers ist wie ein Symbol für den säkularen Wandel, der sich in England vollzogen hat.

Das Bild, das wir in diesem Buch gemalt haben, trägt in mancher Hinsicht Züge eines milden Altweibersommers, der schon nach dem Ersten Weltkrieg zu Ende ging, während jetzt eher winterliche Kargheit vorherrscht. Dem halten Optimisten entgegen, daß die nächste industrielle Revolution, nämlich die zur postindustriellen Gesellschaft hin, bereits in vollem Gange sei und daß England auch hier wieder an der Spitze der Entwicklung marschiere. So möge denn die Prophezeiung eines seiner wortgewaltigsten Dichter, nämlich Percy Bysshe Shelleys, eintreffen, der seine „Ode an den Westwind" mit der rhetorischen Frage schließt:

Kommt Winter jetzt, kann fern der Frühling sein?

Nachwort zur vierten Auflage

Das vorliegende Buch wollte deutschen Lesern verständlich machen, „wie die Briten wurden, was sie sind". Dazu wählte es eine entschieden historische Sichtweise, die vom heutigen England nur das in den Blick nahm, was sich über viele Jahrhunderte hinweg zurückverfolgen läßt. Im Jahr 1995, als die erste Auflage erschien, mochte dieses Ausblenden der aktuellen Gegenwart angehen; denn damals war das zusammenwachsende Europa in einer Phase, in der das Verständnis für die nationalen Unterschiede der Mitgliedstaaten erste Priorität hatte. Heute zeigen die Länder der Euro-Zone eher Unverständnis dafür, daß die Briten diesen weiteren Integrationsschritt nicht mitvollzogen haben. Die Kluft zwischen Kontinentaleuropa und Großbritannien vertiefte sich, als der englische Premierminister Tony Blair nach dem 11. September 2001 den bilateralen Schulterschluß mit den USA suchte, statt dies im europäischen Verbund zu tun. Das wirft Fragen auf, für die der Leser in unserem Buch keine befriedigende Antwort findet. Um auch dafür eine Erklärung zu geben, müßte es sich ausführlich mit dem fundamentalen Wertewandel befassen, den Margaret Thatcher im Vereinigten Königreich herbeiführte und der die Basis für die wirtschaftliche Konsolidierung lieferte, die Tony Blair bisher erfolgreich fortsetzte. Ein solches Vorhaben würde aber nicht nur eine Erweiterung des Buches um gut ein Drittel seines Umfangs erfordern, es würde auch eine Umkehrung seiner Blickrichtung unumgänglich machen. Statt die nationalen Charakterzüge auf ihre historischen Wurzeln zurückzuführen, müßte es Englands nationale Interessen im europäischen Kontext diskutieren. Das wäre ein anderes, ein politologisches Buch, während das vorliegende bewußt als kulturhistorisches konzipiert ist. Deshalb kann der Verfasser nur noch einmal wiederholen, was er am Ende seines Ausblicks bereits sagte, nämlich daß das hier entworfene Bild im Verlauf des 20. Jahrhunderts mehr und mehr verblaßte und nur noch als Untergrund durch das heutige England hindurchscheint, wenngleich es dies noch immer in wesentlichen Zügen prägt. Politisch hat sich das Vereinigte Königreich mit halbem Herzen für die Mitgliedschaft in der Europäischen Union entschieden, während es mit der anderen Hälfte ein enges Bündnis mit den USA vorzieht. Mit ganzem Herzen aber hängt es an seiner gewachsenen Kultur, deren Formkräfte das Buch aufzuzeigen versuchte.

Selbst wenn die Briten sich zur vollen Integration ins Vereinte Europa durchringen sollten, werden sie viele der hier aufgezeigten Sozialstrategien noch lange beibehalten. Manches davon ist inzwischen westliches Allgemeingut geworden wie z. B. Freiheitsliebe, Individualismus, Mißtrauen gegenüber der Obrigkeit und Respektlosigkeit gegenüber Autoritäten. Doch so wie in Deutschland die Sehnsucht nach Totalität und die Bereitschaft zum Glauben an Ideale – und sei es auch nur in der Form der Trauer über ihren Verlust – fortwirkt, so in England die Skepsis gegenüber dem umfassenden Ganzen und die Neigung zu grundsätzlichem Zweifel, die das englische Denken seit den Spätscholastikern prägt. Während wir Deutschen dazu neigen, uns großen Hoffnungen hinzugeben und dann zu jammern, wenn sie entäuscht werden, hegen die Briten erst einmal skeptischen Zweifel und nehmen Enttäuschungen mit Galgenhumor. Das hat sie gegen die Verführung von ideologischen Rattenfängern immun gemacht, es hindert sie aber auch, sich für eine gute Idee wie die der europäischen Union zu begeistern.

Andere Haltungen und Verhaltensweisen, die wir als typisch aufzeigten, sind dagegen auf dem Rückzug. Dazu zählt neben der nachlassenden Höflichkeit und dem schwindenden Fairplay im Sport jene „amphibische“ Gentry-Kultur, der wir ein ganzes Kapitel widmeten. Der Rückzug läßt sich leicht an der englischen Literatur ablesen. Während in der ersten Hälfte des 20. Jahrhunderts die Romanhandlungen noch überwiegend in Landhäusern spielten, rückte danach das urbane Milieu Londons immer stärker in den Vordergrund. Bezeichnend für diesen Wandel ist die sich verändernde Wertschätzung des Autors Angus Wilson, der in den fünfziger Jahren hohes Ansehen genoß. Sein Buch *Anglo-Saxon Attitudes* (1956) zeigte schon im Titel an, daß es sich mit spezifisch englischen Aspekten der Gesellschaft auseinandersetzt. Wilsons Romane stehen noch ganz in der Tradition der Gentry-Kultur, die zugleich das Milieu ist, in dem ihre Handlungen spielen. Ebendas ließ den Autor bereits zu Lebzeiten anachronistisch werden. Als er 1991 starb, war keins seiner Bücher mehr im Druck. Während auf der einen Seite die traditionelle Gentry-Kultur stetig zurückging, nahm auf der anderen die postmoderne Literatur ebenso stetig zu. Das für die Postmoderne charakteristische Spielen mit metafiktionalen Kunstgriffen, die den Erzählvorgang selber in den Erzählgegenstand einbeziehen, ist in der englischen Gegenwartsliteratur viel weiter verbreitet als in der deutschen. Auch die französischen Kirchenväter der Postmoderne – Derrida, Foucault, Lacan, Julia Kristeva, Baudrillard und all die anderen – werden in England viel häufiger zitiert als bei uns. Das hat in manchen Bereichen – vor allem in der Literaturwissenschaft und den sogenannten *cultural studies* – zu einem auffälligen Wandel im englischen Stil geführt. Anstelle des einst so typischen Understatements findet man jetzt auch bei Engländern das stilistische Turnen am Hochreck, das die Briten früher als *teutonic* bezeichnet hätten. All das deutet darauf hin, daß England nicht nur politisch, wirtschaftlich und sozial, sondern auch kulturell einen tiefgreifenden Wandel durchmacht, dessen Endergebnis noch nicht abzusehen ist.

Hätte der Verfasser sich nicht zum Ziel gesetzt, das Typische herauszuarbeiten, und statt dessen den Versuch gemacht, eine differenzierte Beschreibung der englischen Realität zu geben, dann hätte er zu den meisten der vorgestellten nationalen Eigenheiten Gegenpositionen aufzeigen müssen, was dann allerdings erheblich mehr Raum erfordert hätte. Als sich im 19. Jahrhundert die Codes der „feinen englischen Art“ ausbildeten, galten diese in vollem Umfang nur für die Gentry-Kultur des Südens und der Regionen, in denen der Geldadel seine Landsitze hatte. Im industrialisierten und viel stärker kalvinistisch geprägten Norden herrschte ein ganz anderer Geist, den man heute eher als amerikanisch empfinden würde. Dieser Geist erlebte seine Wiedergeburt in der rigorosen Modernisierungspolitik Margaret Thatchers, die der zurückgefallenen Industrienation ein Wirtschaftssystem bescherte, das im Vergleich mit dem übrigen Europa sehr amerikanisch anmutet. Zwar waren und sind damit beträchtliche soziale Härten verbunden, doch auf der Habenseite stehen ein ausgeglichener Staatshaushalt, Wirtschaftwachstum und sinkende Arbeitslosenzahlen. Die alles entscheidende Weichenstellung für England wird das angekündigte Referendum über den Beitritt zur europäischen Währungsunion sein. Wenn die Briten den Euro einführen, sind die Würfel für eine weitere Europäisierung gefallen, was gleichbedeutend mit einer fortschreitenden Entbritisierung ist. Tun sie es nicht, wird es schwer für sie sein, eine den nationalen Stolz befriedigende weltpolitische Rolle zu finden.

Was im Nachwort zur vierten Auflage über Englands Schwanken zwischen Europa und Amerika gesagt wurde, ist im Jahre 2005 noch aktueller, nachdem Tony Blair sein Land auf eine ganz unenglische, eher amerikanisch-puritanische Weise in den Irak-Krieg geführt hat, während sein Volk ihm mehrheitlich die Gefolgschaft verweigerte und dem englisch-skeptischen Prinzip der *splendid isolation* treu blieb. Das deutet darauf hin, daß sich der innere Konflikt der Nation weiter zugespitzt hat und auf eine Entscheidung drängt. Wie immer sie ausfällt, das reale England wird danach nicht mehr so sein, wie es in diesem Buch beschrieben wurde. Doch das Bild des „typisch Englischen" wird auch dann noch lange weiterleben; denn Völker werden von den eigenen Angehörigen und von Fremden nicht so gesehen, wie sie wirklich sind, sondern wie sie dem eigenen und dem fremden Blick aus dem Spiegel der Vergangenheit als verfestigtes Bild entgegentreten. An diesem Spiegelbild brauchte der Verfasser nichts zu ändern, auch wenn manche Aussage zum heutigen England eines Updates bedurft hätte.

Anhang

Quellen

Zitate

Seite 17. „Der Engländer ist seinem Charakter nach . . ."
Aus: Wilhelm Dibelius, *England.* Bd. 1. Stuttgart: Deutsche Verlagsanstalt 1923. S. 161.

Seite 21. „Die Engländer gehen durchs Leben . . ."
Aus: G. J. Renier, *The English. Are They Human?* Leipzig: Tauchnitz 1938. S. 166. (Übers. v. Verf.)

Seite 33. „Versuche der Formulierung, die, um die gemeinte . . ."
Theodor W. Adorno, *Noten zur Literatur* II. Frankfurt a. M.: Suhrkamp 1961. S. 110.

Seite 63. „Anglia plena iocis, gens libera . . ."
Zitiert nach William Ralph Inge, *England.* Leipzig: Tauchnitz 1934. S. 59.

Seite 77. „I come home after three fucking years . . ."
Aus: Richard Hoggart, Einleitung zu D. H. Lawrence: *Lady Chatterley's Lover.* With an introduction by Richard Hoggart. Harmondsworth: Penguin 2. Aufl. 1961. S. IX.

Seite 113. „Dies ist der Grund, weshalb England das Paradies . . ."
Aus: Francesca M. Wilson (Hrsg.), *Strange Island. Britain through Foreign Eyes 1395–1950.* London: Longmans, Green and Co. 1955. S. 24. (Übers. v. Verf.)

Seite 143. „Mein Werk soll nicht bloß einem Stande . . ."
Zitiert nach: Adrian von Buttlar, *Der Landschaftsgarten. Gartenkunst des Klassizismus und der Romantik.* Köln: Dumont 1989. S. 197.

Seite 153. „Dialektik ist „die wissenschaftliche Anwendung . . ."
Hegel zitiert nach *Philosophisches Wörterbuch*, begr. von Heinrich Schmidt. 21. Aufl. Neu bearb. von Georgi Schischkoff. Stuttgart: Kröner 1978. S. 126.

Seite 159. „Die Engländer sind das einzige Kulturvolk . . ."
Aus: Oscar H. Schmitz, *Das Land ohne Musik. Englische Gesellschaftsprobleme.* 3. Aufl. München: Georg Müller. 1914. S. 30.

Abbildungen

S. 138. (Nr. 16) John Constable, „Der Heuwagen" (1821). National Gallery, London. Aus: Luke Herrmann, *Englische Landschaftsmalerei im 19. Jahrhundert.* München: Schuler 1975. (Aus dem Italienischen)

S. 138. (Nr. 17) J. M. W. Turner, „Norham Castle bei Sonnenaufgang" (um 1845). Tate Gallery, London. Aus: Luke Herrmann, *Englische Landschaftsmalerei im 19. Jahrhundert.*

S. 141. (Nr. 18) Richard Wilson, „Croome Court, Worcestershire" (1758). Im Besitz der Croome Court Estate Trustees, Worcester. Aus: Jean J. Mayoux, *Die englische Malerei.*

Literatur

Quellen

Strange Island. Britain Through Foreign Eyes 1395–1940. Compiled and edited by Francesca M. Wilson. London: Longmans 1955. (Umfangreiche Bibliographie)

O Britannien, von deiner Freiheit einen Hut voll. Deutsche Reiseberichte des 18. Jahrhunderts. Hrsg. v. Michael Maurer. München: Beck 1992.

Handbücher und Gesamtdarstellungen

England. Hrsg. v. Dr. Paul Hartig. Frankfurt/M.: Diesterweg 1971. (6., neubearb. Aufl. der „Englandkunde"). Enthält Beiträge zu Geographie, Wirtschaft, Staat und Verfassung, Recht, Philosophie, Religion, Bildung, Kunst, Musik, Sprache und Literatur.

The English World. History, Character and People. Ed. by Robert Blake. London: Thames and Hudson 1982. Deutsche Ausgabe: Die englische Welt. München: Beck 1983.

Christopher Hibbert: The English. A Social History 1066–1945. London: Harper Collins 1987.

Bamber Gascoigne: Encyclopedia of Britain. London: Macmillan 1993.

Heinrich Händel und Daniel A. Gossel: Großbritannien. 3. neubearb. und erw. Aufl. München: Beck 1994.

Roland Sturm: Großbritannien. Wirtschaft – Gesellschaft – Politik. 2. Aufl. Opladen: Leske + Budrich 1997.

Hans Kastendiek, Karl Rohe, Angelika Volle (Hgg.): Länderbericht Großbritannien. 2. aktualisierte u. erw. Aufl. Bonn: Bundeszentrale für politische Bildung 1998.

Hans-Dieter Gelfert: Kleine Kulturgeschichte Großbritanniens. Von Stonehenge bis zum Millennium Dome. München: Beck 1999. (beck'sche reihe 1321)

Monographien über England und die Engländer

Price Collier: England and the English. From an American Point of View. London: Duckworth 1909.

Oscar A. H. Schmitz: Das Land ohne Musik. Englische Gesellschaftsprobleme. 3. Aufl. München: Georg Müller 1914.
Wilhelm Dibelius: England. 2 Bde. Stuttgart: Deutsche Verlags-Anstalt 1923.
Karel Capek: Seltsames England. Berlin: Cassirer 1924.
William Ralph Inge: England. London: Ernest Benn 1926. (Deutsche Ausgabe: England. Ins Deutsche übertragen durch Fritz von Bothmer. Essen: Essener Verlagsanstalt 1939)
Odette Keun: I Discover the English. Leipzig: Tauchnitz 1937.
G. J. Renier: The English: Are they Human? Leipzig: Tauchnitz 1938.
A. L. Rowse: The English Spirit. London: Macmillan 1946.
Ernest Barker (Hg.): The Character of England. Oxford: Clarendon Press 1947.
George Orwell: The English People. Die Engländer. Ebenhausen: Edition Langewiesche-Brandt 1958. (Zweisprachige Ausgabe des Buches von 1947).
Geoffrey Gorer: Exploring English Character. London: Cresset Press 1955.
Rudolf Walter Leonhardt: 77mal England. Panorama einer Insel. München: Piper 1967.
J. B. Priestley, The English. London: Heinemann 1973.
Arnold Bender: Die Engländer. Frankfurt/M.: Fischer 1977. (Fischer Taschenbuch Nr. 1905)
Werner Glinga: Erben des Empire. Eine Reise durch die englische Gesellschaft. Frankfurt/M.: Campus 1983.
Theodor Haller: Unbekannter Nachbar England. Aarau: AT Verlag 1988.
Heinz Ohff: Gebrauchsanweisung für England. München: Piper 1988.
Bill Bryson: Notes from a Small Island. London: Doubleday 1995. Deutsche Ausgabe: Reif für die Insel. England für Anfänger und Fortgeschrittene. München: Goldmann 1997.
Thomas Kielinger: Die Kreuzung und der Kreisverkehr. Deutsche und Briten im Zentrum der europäischen Geschichte. Bonn: Presse- und Informationsamt der Bundesregierung 1997.
Jeremy Paxman: The English. A Portrait of a People. London: Penguin 1999.

Zu einzelnen Themen

Der Gentleman

Harold Nicolson: Vom Mandarin zum Gentleman. Formen der Lebensart in drei Jahrtausenden. Aus dem Englischen übertragen von Herbert Thiele-Fredersdorf. München: Beck 1958. (Engl. Ausgabe 1955)
Simon Raven: The English Gentleman. An Essay in Attitudes. London: Anthony Blond 1961.
Philip Mason: The English Gentleman. The Rise and Fall of an Ideal. London: Andre Deutsch 1982.

John Bull

Max O'Rell: John Bull and his Island. London: Leadenhall Press 1883.

Susan Easton u. a.: Disorder and Discipline: Popular Culture from 1550 to the Present. Aldershot: Temple Smith 1988.
Eric Dunning, Patrick Murphy u. John Williams: The Roots of Football Hooliganism. An Historical and Sociological Study. London: Routledge 1989.
Ian Gilmour: Riots, Risings and Revolution: Governance in Eighteenth-Century England. London: J. Curtis 1993.

Engländer der dritten Art

Edith Sitwell: English Eccentrics. A Gallery of Weird and Wonderful Men and Women. London: Faber & Faber 1933. Deutsche Ausgabe: Englische Exzentriker. Eine Galerie höchst merkwürdiger und bemerkenswerter Damen und Herren. Übers. v. Kyra Stromberg. Berlin: Wagenbach 1988.

Fair Play

Hans Indorf: Fair Play und der „Englische Sportgeist". Britannica, Heft 15, Hamburg 1938.
Tony Mason: Sport in Britain. A Social History. Cambridge: Cambridge UP 1989.
Robert Winder: Hell for Leather: A Modern Cricket Journey. London: Gollancz 1996.

Freiheitsliebe

Josef Bohatec: England und die Geschichte der Menschen- und Bürgerrechte. Drei nachgelassene Aufsätze. Hrsg. v. Otto Weber. Graz, Köln: Böhlau 1956.
Wolfgang W. Wittwer: Grundrechte bei den Levellern und der New Model Army. Ratingen: Henn 1972.
H. T. Dickinson: Liberty and Property: Political Ideology in Eighteenth-Century Britain. London: Weidenfeld & Nicolson 1977.
John Milton und der Ursprung des neuzeitlichen Liberalismus. Studienausgabe der politischen Hauptschriften John Miltons in der Zeit der englischen Revolution. Hrsg. und mit einer Einleitung versehen von Elfriede Walesca Tielsch. Hildesheim: Gerstenberg 1980.

Individualismus

C. B. Macpherson: The Political Theory of Possessive Individualism – Hobbes to Locke. London: Oxford University Press 1964. Deutsche Ausgabe: Die politische Theorie des Besitzindividualismus: von Hobbes bis Locke. Frankfurt am Main: Suhrkamp 1967.
Alan Macfarlane: The Origins of English Individualism. The Family, Property and Social Transition. Oxford: Blackwell 1978.

Rationalität

Frederick C. Beiser: The Souvereignty of Reason. The Defense of Rationality in the Early English Enlightenment. Princeton: Princeton UP 1996.

Kompromißbereitschaft

Hans-Oskar Wilde: England – Weg der Mitte. Stuttgart: Deutsche Verlags-Anstalt 1959.

Sinn fürs Praktische

Walther Hübner, „Mandevilles Bienenfabel und die Begründung der praktischen Zweckethik in der englischen Aufklärung. Ein Beitrag zur Genealogie des englischen Geistes". In: Grundformen der englischen Geistesgeschichte. Hrsg. v. Paul Meißner. Stuttgart: Kohlhammer 1941. S. 275–331.

Naturverbundenheit

Keith Thomas: Man and the Natural World. Changing Attitudes in England 1500–1800. London: Allen Lane 1983.

Humor

John Boynton Priestley: English Humour. London: Longmans 1929.

‚Pont': The British Character. London: Collins 1951 (‚Pont' ist das Pseudonym des Karikaturisten Graham Laidler)

Harold Nicolson: The English Sense of Humour and Other Essays. London: Constable 1956.

John Bourke: Englischer Humor. Göttingen: Vandenhoeck & Ruprecht 1965. (Kleine Vandenhoeck Reihe 212)

Michael Wynn Jones: The Cartoon History of Britain. London: Tom Stacey 1971.

George Mikes: English Humour for Beginners. London: André Deutsch 1980.

Ronald Hutton: The Rise and Fall of Merry England. Oxford: Oxford UP 1992.

Hans-Dieter Gelfert: Max und Monty. Kleine Geschichte des deutschen und englischen Humors. München: Beck 1998. (beck'sche reihe 1248).

Günther Blaicher: Merry England. Zur Bedeutung und Funktion eines englischen Autostereotyps. Tübingen: Gunter Narr 2000.

Englische Untugenden

Mark Clapson: A Bit of a Flutter: Popular Gambling and English Society. Manchester: Manchester UP 1992.

Englische Flüche und das ‚vice anglais'

Peter Fryer: Mrs Grundy: Studies in English Prudery. London: Dobson 1963.

Ian Gibson: The English Vice: Beating, Sex and Shame in Victorian England and After. London: Duckworth 1978.

Paul Ferris: Sex and the British. London: Michael Joseph 1993.

Geoffrey Hughes: Swearing: A Social History of Foul Language, Oaths and Profanity in English. London: Penguin 1998.

Recht ohne Rechtssystem

Harold Percy Romberg: Die Richter ihrer Majestät. Porträt der englischen Justiz. Stuttgart: Kohlhammer 1965.

Dieter Henrich: Einführung in das englische Privatrecht. 2. Aufl. Darmstadt: Wissenschaftliche Buchgesellschaft 1993.

Konstitutionelle Monarchie ohne Verfassung
Ivor Jennings und Gerhard A. Ritter: Das britische Regierungssystem. Quellenbuch und Leitfaden. Köln: Westdeutscher Verlag 1958.
Kurt Sontheimer: Das politische System Großbritanniens. München: Piper 1972.
Iring Fetscher: Großbritannien. Gesellschaft – Politik - Wirtschaft. Eine Einführung. 3. überarb. u. erw. Aufl. Königstein/Ts.: Athenäum 1978.
Michael H. W. Koch: Zur Einführung eines Grundrechtskataloges im Vereinigten Königreich Großbritannien und Nordirland. Berlin: Duncker & Humblot 1990.
Bernard Crick (Hg.): National Identities. The Constitution of the United Kingdom. Oxford: Blackwell 1991. (Konferenzbeiträge in: The Political Quarterly)
Herbert Döring: Großbritannien. Regierung, Gesellschaft und politische Kultur (Grundwissen Politik, 8). Opladen: Leske + Budrich 1993.
Hans Kastendiek, Heidrun Abromeit (Hgg.): Changing Conceptions of Constitutional Government. Developments in British Politics and the Constitutional Debate in the 1960s. Bochum: Brockmeyer 1994.
Vernon Bogdanor: The Monarchy and the Constitution. Oxford: Clarendon 1995.
Peter Hennessy: The Hidden Wiring. Unearthing the British Constitution. London: Gollancz 1995.
Emil Hübner, Ursula Münch: Das politische System Großbritanniens. Eine Einführung. 2. durchges. Aufl. München: C. H. Beck 1998. (beck'sche reihe 1251)
Thomas Saalfeld: Großbritannien. Eine politische Landeskunde. Opladen: Leske + Budrich 1998.

Staat ohne Staatsbegriff
Richard Naumann, „Deutsche und englische Staatsauffassung“. In: Die englische Kulturideologie. Hrsg. von Carl August Weber. Bd. 2. Stuttgart: Kohlhammer 1943. S. 239–281.
André Kaiser: Staatshandeln ohne Staatsverständnis. Die Entwicklung des Politikfeldes Arbeitsbeziehungen in Großbritannien 1965–1990. Bochum: Brockmeyer 1995.

Klassengesellschaft ohne Klassenschranken
G. E. Mingay: The Gentry. The Rise and Fall of a Ruling Class. London: Longman 1976.
R. S. Neale: Class in English History 1680–1850. Oxford: Blackwell 1981.
Roger King, J. Raynor: The Middle Class. London: Longman ²1981.
John Scott: The Upper Classes. Property and Privilege in Britain. London: Macmillan 1982.
Lawrence Stone & Jeanne C. Fawtier Stone: An Open Elite? England 1540-1880. Gekürzte Ausg. Oxford: OUP 1986.

J.V. Beckett: The Aristocracy in England, 1066–1914. Oxford: Blackwell 1986.

Peter Earle: The Making of the English Middle Class. Business, Society and Family Life in London, 1660–1730. London: Methuen 1989.

David Cannadine: The Decline and Fall of the British Aristocracy. New Haven: Yale UP 1990.

Amphibische Kultur

B. Sprague Allen: Tides in English Taste (1619–1800). A Background for the Study of Literature (1936). Nachdr.: New York: Rowman and Littlefield 1969.

Francis Gallaway: Reason, Rule & Revolt in English Classicism. New York: Charles Scribner's Sons 1940.

Raymond Williams: The Country and the City. London: Chatto & Windus 1973.

Das Pittoreske

W.J. Hipple: The Beautiful, the Sublime, and the Picturesque in Eighteenth-Century British Aesthetic Theory. Carbondale: Southern Illinois UP 1957.

David Watkin: The English Vision. The Picturesque in Architecture, Landscape and Garden Design. London: John Murray 1982.

Hans-Dieter Gelfert: Picturesque England, or, The Part and the Whole. In: Englishness. anglistik & englischunterricht. Bd. 46/47 (1992). S. 31–48.

Englische Kunst

Dagobert Frey: Englisches Wesen im Spiegel seiner Kunst. Stuttgart: Kohlhammer 1942.

Nikolaus Pevsner: The Englishness of English Art. (1. Auflage 1956). Nachdr.: Harmondsworth: Penguin 1964. Deutsche Ausgabe: Das Englische in der englischen Kunst. München: Prestel 1974.

Jean J. Maynoux: Die englische Malerei. Von Hogarth bis zu den Präraffaeliten. Genf: Skira 1972.

The Arts of Britain. Hrsg. v. Edwin Mullins. Oxford: Phaidon 1983.

Werner Schäfke, Englische Kathedralen. Eine Reise zu den Höhepunkten englischer Architektur von 1066 bis heute. Köln: DuMont 1983.

Der englische Garten

John Dixon Hunt und Peter Willis (Hgg.): The Genius of the Place. The English Landscape Garden 1620–1820. London: Elek 1975. Korrigierte Aufl. Cambridge, Mass.: MIT Press 1988.

Adrian von Buttlar: Der englische Landsitz 1715–1760. Symbol eines liberalen Weltentwurfs. Mittenwald: Maeander 1982. (Studia Iconologica Bd. 4)

Ders.: Der Landschaftsgarten. Gartenkunst des Klassizismus und der Romantik. Köln: Dumont 1989.

Christopher Thacker, The Genius of Gardening. The History of Gardens in Britain and Ireland. London: Weidenfeld & Nicolson 1994.

Das Verschwinden des Tragischen aus der englischen Literatur
Hans-Dieter Gelfert: Die Tragödie. Theorie und Geschichte. Göttingen: Vandenhoeck & Ruprecht 1995. (Kleine Vandenhoeck-Reihe 1570)

Typisch englisch – ein Generalschlüssel
Matthew Arnold: Culture and Anarchy. An Essay in Political and Social Criticism. London 1869 (zahlreiche Nachdrucke).

Ausblick
Tom Nairn: The Break-Up of Britain. Crisis and Neo-Nationalism. London: New Left Books 1977.
Martin J. Wiener: English Culture and the Decline of the Industrial Spirit 1850–1980. Cambridge: UP 1981.
Andrew Gamble: Britain in Decline. London: Macmillan 1981.
Correlli Barnett: The Audit of War. The Illusion & Reality of Britain as a Great Nation. London: Macmillan 1986.
David Coates & John Hillard: The Economic Decline of Modern Britain. The Debate between Left and Right. Brighton: Harvester Press 1986.
Detlef von Ziegesar: Wie demokratisch ist England? Die Wahrheit über einen Mythos. Köln: Verlag Wissenschaft und Politik 1991.
Shirley Robin Letwin: The Anatomy of Thatcherism. London: Fontana 1992.
Ferdinand Mount: The British Constitution. Recovery or Decline? London: Heinemann 1992.
Anthony Sampson: The Essential Anatomy of Britain. Democracy in Crisis. London: Hodder & Stoughton 1992.
Elizabeth Longford: Royal Throne. The Future of the Monarchy. London: Hodder and Stoughton 1993.
Will Hutton: The State We're In. Vollständig rev. Ausg. London: Vintage 1996.
Dominic Johnson: Abschied von der Insel? Großbritannien im Wandel. Bonn: Dietz 1997. (Dietz Taschenbuch 77).
Peter Nonnenmacher: Insel sucht Anschluß. Wohin treibt Großbritannien? Frankfurt a. M.: Fischer-Taschenbuch-Verl. 1997.
Hugo Young: This Blessed Plot: Britain and Europe from Churchill to Blair. London: Macmillan 1998.
Manfred Sicking u. Olaf Müller (Hgg.): Vom Empire nach Europa. Großbritannien im Umbruch: Tony Blair. Aachen: Einhard 1999. (Aufsatzsammlung zur Verleihung des Karlspreises an Tony Blair).
Ian Buruma: Anglomania. Europas Englischer Traum. Aus dem Engl. v. Hans Günter Holl. München: Carl Hanser 2002.
Nicholas Faith: A Very Different Country. A Typically English Revolution. London: Sinclair-Stevenson 2002.

Hans-Dieter Gelfert in der Beck'schen Reihe

Was ist gute Literatur?

Wie man gute Bücher von schlechten unterscheidet
2004. 220 Seiten. Paperback
Beck'sche Reihe Band 1591

Englisch mit Aha

Die etwas andere Einführung in die englische Sprache
2003. 222 Seiten. Paperback
Beck'sche Reihe Band 1528

Typisch amerikanisch

Wie die Amerikaner wurden, was sie sind
2. Auflage, 2003. 194 Seiten mit 25 Abbildungen. Paperback
Beck'sche Reihe Band 1502

Shakespeare

2000. 128 Seiten mit 1 Abbildung. Paperback
Beck'sche Reihe Band 2055
C. H. Beck Wissen

Kleine Kulturgeschichte Großbritanniens

Von Stonehenge bis zum Millennium Dome
1999. 364 Seiten mit 52 Abbildungen. Paperback
Beck'sche Reihe Band 1321

Max und Monty

Kleine Geschichte des deutschen und englischen Humors
1998. 203 Seiten mit 36 Abbildungen. Paperback
Beck'sche Reihe Band 1248

Kleine Geschichte der englischen Literatur

1997. 380 Seiten mit 33 Abbildungen. Paperback
Beck'sche Reihe Band 1181

Verlag C. H. Beck München